The Hawaiian Language
and
HAWAIIAN-ENGLISH DICTIONARY

a complete grammar
by Henry P. Judd

Published and Distributed by
HAWAIIAN SERVICE, INC.
P. O. Box 2835
Honolulu, Hawaii 96803

ISBN 0-930492-06-4   LCC CARD NO. 78-101212

PREFACE

In 1854 Lorrin Andrews published his Hawaiian Grammar, a standard work for many years, and even today interesting to all students of the Hawaiian language. It is now out of print, however, and hence difficult to secure.

In 1891 Prof. William D. Alexander published his "Short Synopsis of the Hawaiian Grammar," an excellent work for all students of the language, but not sufficiently complete as a series of lessons for class-work.

In 1930 Mrs. Mary Atcherly wrote "First Book in Hawaiian," which was authorized by the Legislature of the Territory of Hawaii and handled by the Hawaiian Board Book Rooms.

In view of the increasing interest in the language of the Hawaiian people, amounting to a renascence in Hawaiiana, it has been felt that a new work in the Hawaiian language, based on modern systems of instruction such as are used in teaching French, Spanish, Italian or German should be prepared for use in class-rooms throughout the islands and also for individual study.

I am grateful to a group of persons interested in the promotion of this book, whose encouragement has meant much to the editor. And I am indebted to earlier works on the subject, especially to Lorrin Andrews and William D. Alexander, whose books, mentioned above, are most important for any student seeking to perfect himself in the knowledge and use of Hawaiian.

It is the hope that such a rich language as Hawaiian, rich in expressions of feeling and emotion and beautiful in phraseology, may be perpetuated by all those who are interested in Hawaiiana and that this work may be helpful in carrying out the ideal of a preserved Hawaiian language.

LESSON 1

The Hawaiian Language

"Why should we study the Hawaiian language?" is a question we sometimes hear. We may answer that in a land where there live several thousand Hawaiians, the study of the language will result in our ability to converse with these people.

Not only shall we be able to talk with the Hawaiian people themselves, but we shall be able to read Hawaiian language documents, stories, history, and other forms of literature. The study of Hawaiian will help us obtain the spirit of the ancient Hawaiians, to understand the full meaning of their thoughts as expressed in this beautiful and meaningful language.

Origin of the Language

Hawaiian is one branch of the Polynesian language. It may well be regarded as a dialect of the Polynesian, others being the Samoan, Tahitian, Marquesan, Tuamotuan, and Maori dialects chiefly.

There is an affinity between these dialects, some being closer than others. The Maori, Tahitian and Tuamotuan are closer to the Hawaiian in vocabulary than is the Samoan to the Hawaiian. And yet there are many words in the Samoan dialect exactly the same as in Hawaiian.

The original home of the Polynesians was in India in all probability, and after a long period of migration they found themselves in the Pacific Ocean area. It is most likely that Tahiti or Raiatea in the Society Islands was the point from which the original migration of the alii and kahuna to Hawaii took place almost a thousand years ago. There are records of various voyages between Tahiti and Hawaii; the names of these pioneers have been handed down from generation to generation.

Some Peculiarities of the Language

Every word must end in a vowel and every syllable must end in a vowel.

No two consonants can be pronounced without at least one vowel between them. There is but one exception to this rule and it applies to a word introduced by the American missionaries— Kristo, from "Christ."

Any amount of vowels may be used together; for example, **hooiaioia,** which means "certified."

Elision is employed, for example, **na 'lii,** for **na alii,** the chiefs.

The gutteral break represents the elision of **k** in other Polynesian dialects. It is indicated by the hamzah ('). The break is the essential part of the word. The using of the guttural break makes a different word, for example, **a'o** means to teach, while **ao** means light, the world, etc. **Ia** means he, she, it, while **i'a** means a fish.

The Hawaiian is rich in descriptive terms, for rains, winds, etc. There are six words meaning to carry—hali, auamo (on the shoulder), ka'ika'i (in the hands), hii (in the arms), koi (on stick between two men), and haawe (on the back).

Some expressions are cumbersome; for example in the Lord's Prayer the words, "Forgive us our debts as we forgive our debtors" is but nine words in English and twenty-four in Hawaiian.

There are no true diphthongs, but for the European ae, ai, ao, au, ei, ia and ua may be so classed.

There are no consonants in the phrase "E i ae oe iaia"—"Speak thou to him there."

Such an expression as "across" in English is difficult to express in Hawaiian. Mai kekahi aoao a i kekahi aoao ae, is perhaps the shortest way in which such a concept as "across" may be expressed.

The Alphabet

There are 12 letters in the alphabet. Of these, A, E, I, O, U are vowels and H, K, L, M, N, P, W are consonants.

The vowels are pronounced thus: a as in father, e as in vein, i as in peep, o as in own, u as in book.

The consonants are pronounced thus: h as in hale, k as in Kate, l as in laid, m as in moon, n as in noon, p as in peak. w as in alway.

LESSON 2

The Personal Pronouns

	Singular	Dual
First person	owau, au—I	maua, kaua—we two
Second person	oe—you	olua—you two
Third person	oia, ia—he, she, it	laua—they two

	Plural
First person	makou, kakou—we
Second person	oukou—you all
Third person	lakou—they all

Owau is the emphatic form for **au**, and **oia** the emphatic form for **ia**. **Maua** and **makou** exclude the person addressed, while **kaua** and **kakou** include the person addressed.

Vocabulary—Parts of the Head

poo—the head	helehelena—the face
lauoho—hair of the head	papalina—the cheek
iwipoo—the skull-bone	pepeiao—the ear
lae—forehead	kuemaka—eye-brow
maka—eye	lihilihi—eye-lash
ihu—nose	niho—tooth
pukaihu—nostril	auwae—chin
waha—mouth	maha—temple
lehelehe—lips	puu—throat
alelo, elelo—tongue	umiumi—beard
a-i—neck	lolo—brain

W has two sounds:

1. As w in the English word way. Example: Wailuku, wela, walaau.

2. After the first syllable it often has the sound of the English v as in valuable. Example: Ewa, hewa, haawina.

LESSON 3

The Verb

Conjugation of the verb **hana,** meaning to do, to work, to make.

Indicative mood, present tense.

Singular number	Ke hana nei au—I do. Ke hana nei oe—You do. Ke hana nei ia—He does.
Dual number	Ke hana nei maua, kaua—We two do. Ke hana nei olua—You two do. Ke hana nei laua—They two do.
Plural number	Ke hana nei makou, kakou—We all do. Ke hana nei oukou—You all do. Ke hana nei lakou—They all do.

Vocabulary—Parts of the Body

umauma—chest, breast
opu—stomach
lima—hand, arm
manamanalima—finger
manamanawawae—toe
manamanalimanui—thumb
iwilei—shoulder-bone
poohiwi—shoulder
kuli—knee
kuekue wawae—heel
kuekue lima—elbow
ha'ilima—elbow
koko—blood
pulima—wrist

akemama—lungs
puuwai—heart
wawae—leg, foot
ili—skin
iwi—bone
kua—back
puulima—fist
poholima—palm
iwi aoao—rib
uha—thigh
kikala—hip
piko—navel
naau—intestines
iwikuamoo -backbone

LESSON 4

The Verb—(Continued)

Conjugation of the verb **hana,** to do, to make, to work. Indicative mood, past tense.

Singular number	I hana au—I did. I hana oe—You did. I hana ia—He did.
Dual number	I hana kaua, maua—We two did. I hana olua—You two did. I hana laua—They two did.
Plural number	I hana makou, kakou—We did. I hana oukou—You all did. I hana lakou—They all did.

Vocabulary—Verbs

ai—to eat
au—to swim
auau—to bathe
haki—to break
hiki—to be able, to arrive
haule—to fall
hele—to go, to come
holo—to go fast, to run
hoopaa—to hold fast
inu—to drink
ike—to see, to know

imi—to seek, to search for
kali—to wait
ku—to stand
laha—to spread out, to publish
lohe—to hear
manao—to think
moe—to lie down
noho—to sit, to live
olelo—to speak
oki—to cut
poina—to forget

Sentences

1. Ke ai nei oia.
2. Ke holo nei lakou.
3. Ke noho nei oukou.
4. I hana oe.
5. I olelo laua.
6. Ke imi nei au.
7. I lohe makou.
8. Ke haule nei oia.
9. I kali olua.
10. Ke hoopaa nei au.

LESSON 5

The Verb—(Continued)

Conjugation of the verb **hana,** to make, to do, to work.

Indicative mood, perfect tense.

Singular number	Ua hana au—I have done. Ua hana oe—You have done. Ua hana ia—He has done.
Dual number	Ua hana kaua, maua—We two have done. Ua hana olua—You two have done. Ua hana laua—They two have done.
Plural number	Ua hana kakou, makou—We have done. Ua hana oukou—You have done. Ua hana lakou—They have done.

Vocabulary—Verbs

ae—to consent
aloha—to love
akaaka—to laugh
hahai—to follow
hoole—to deny, to refuse
holoi—to wash
kamailio—to converse
lele—to fly, to jump
maa—to be accustomed

minamina—to regret
minoaka—to smile
nana—to observe, to see
nalo—to be out of sight
ola—to live
paani—to play
pani—to close, to shut
pee—to hide
wehe—to open

Sentences

1. Ua hahai lakou.
2. Ua paani makou.
3. Ke hoole nei oukou.
4. Ke nana nei au.
5. Ua kamailio makou.
6. Ke minoaka nei oia.
7. Ua aloha olua.
8. Ke holoi nei laua.
9. Ke wehe nei oe.
10. Ua maa oia.

LESSON 6

The Verb—(Continued)

Conjugation of **hana,** to make, to do, to work.

Indicative mood, pluperfect tense.

Singular number	Ua hana e au—I had done. Ua hana e oe—You had done. Ua hana e ia—He had done.
Dual number	Ua hana e maua, kaua—We two had done. Ua hana e olua—You two had done. Ua hana e laua—They two had done.
Plural number	Ua hana e makou, kakou—We all had done. Ua hana e oukou—You all had done. Ua hana e lakou—They all had done.

Vocabulary—Domestic Life

hale laau—frame house
hale pohaku—stone house
hale pili—grass house
anuu—steps
lanai—porch
puka—door
puka aniani—window
paia—wall

alo—front of the house
kua—back of the house
hale maluna—roof
keena—room, office
keena hookipa—parlor
keena moe—bed-room
keena aina—dining room
hale kuke—kitchen

Note—The object of the verb is expressed by the preposition i.

Sentences

1. Ke ike nei makou i ka hale pohaku.
2. Ke wehe nei oia i ka puka.
3. Ke nana nei kakou i ke keena moe.
4. Ua ike lakou i ka puka aniani.
5. Ke hoopaa nei oia i ka hale maluna.
6. Ua nalo ka hale pili.
7. Ua hana lakou i ka hale laau.
8. Ke pani nei laua i ka puka.
9. Ke holoi nei oia i ka lanai.
10. Ke imi nei oia i ka hale kuke.

LESSON 7

The Verb—(Continued)

Conjugation of the verb **hana,** to make, to do, to work.

Indicative mood, future tense.

Singular number	E hana au—I shall do.
	E hana oe—You will do.
	E hana ia—He will do.
Dual number	E hana kaua, maua—We two shall do.
	E hana olua—You two will do.
	E hana laua—They two will do.
Plural number	E hana kakou, makou—We shall do.
	E hana oukou—You all will do.
	E hana lakou—They all will do.

Vocabulary—Domestic Life—Furniture, Etc.

papa aina—table	wahi moe—bed
pakaukau—table	uluna—pillow
moena—mat	kihei moe—spread
noho—chair	punee—couch
pahuili—trunk	hikiee—built-in bed
pahu—box, barrel	kii—picture
pakeke—bucket	eke—bag
paku—curtain	mamalu—umbrella
kiaha—tumbler, glass	pulumi—broom
upa—scissors	omole—bottle
kapa huluhulu—blanket	kukui—lamp
ukana—baggage	puolo—bundle

Sentences

1. Ke nana nei lakou i ka omole.
2. Ua ike au i ke kii.
3. Ke noho nei oia.
4. Ke oki nei oia i ka eke.
5. Ke hana nei lakou i ka pahu.
6. Ke haule nei ka pakeke.
7. Ua oki oia i ka paku.
8. Ke ike nei kakou i ke kukui.
9. Ke hoopaa nei oia i ka pulumi.
10. Ke imi nei lakou i ka mamalu.

LESSON 8

Prepositions

The simple prepositions are:

    o, a—of
    ka, ko—possessive, belonging to
    no, na—for, concerning, on account of
    i—to, the object of the verb
    ma—at, by, through, in, along.
    mai—from
    me—with
    e—by (agent), used only after passive verbs.

Declension of a simple noun:

Nominative case	ka hale—the house.
Genitive case	o, a ka hale—of the house.
Possessive case	ko, ka ka hale—the house's.
Dative case	no, na ka hale—for the house.
Accusative case	i ka hale—to the house, the house.
Ablative case	ma ka hale—at, by, in the house.
" "	mai ka hale—from the house.
" "	me ka hale—with the house.
" "	e ka hale—by the house (agent).

Vocabulary—Domestic Life—Kitchen Utensils, Etc.

pahi—knife	kapuahi—fireplace
o—fork	kapuahi hao—stove
puna—spoon	imu, umu—oven (outdoor)
kawele—towel	ahi—fire
wahie—fuel, firewood	lanahu—coals
mahu—steam	ipuhao—iron pot
wai huihui—cold water	wai wela—hot water
kiaha ki—tea cup	wai mehana—warm water
pika wai—water pitcher	papahele—floor
apu—cup	umeke—calabash

Sentences

1. Ke ike nei au i ka pahi ma ka pakaukau.
2. Ua hana makou i ke ahi ma ke kapuahi.
3. Ua lohe makou i ka mahu.
4. E hele kakou i ka hale.
5. Ke moe nei lakou ma ka papahele.
6. Ke ku nei lakou ma ka puka o ka hale.
7. Ke ike nei au i ka wai wela ma ke kapuahi hao.
8. Ke haule nei ke kiaha mai ka papaaina.
9. Ke kali nei kakou no ka wai huihui.
10. Ua ike makou i ka umu.

LESSON 9

The Personal Pronouns

Declension of the first person, personal pronoun, singular number.

Nominative case	owau, au—I
Genitive case	a'u, o'u—of me
Possessive case	ka'u, ko'u, kuu—my, mine
Dative case	na'u, no'u—for me
Accusative case	ia'u, io'u nei, la—me, to me
Ablative case	ma o'u la, nei—by me, through me
" "	mai o'u aku, mai—from me
" "	me au—with me
" "	e au—by me (agent)

Vocabulary—Verbs

aihue—to steal
haalele—to leave, to forsake
haalulu—to tremble
hakaka—to fight
helu—to count
heluhelu—to read
hiamoe—to sleep
hoopaapaa—to dispute
hoomaha—to rest
hoopunipuni—to falsify
hoomaka—to begin
kau—to hang, put on

kakau—to write
kapa—to call, designate
koho—to choose
kolo—to crawl
komo—to enter
launa—to associate with
mele—to sing
makemake—to wish, desire
oi—to excel
pa—to blow (wind)
pii—to climb, ascend
waiho—to place, to put

Sentences

1. Ke waiho nei au i ka o ma ka pakaukau.
2. Ke hiamoe nei ia ma kahi moe.
3. Ke kolo nei oia ma ka papahele.
4. Ke pii nei lakou.
5. Ke kali nei oia no makou.
6. Ua hana lakou i ke kukui.
7. E hakaka lakou.
8. Ua holo lakou mai ka hale pohaku aku.
9. Ke ku nei laua ma ka puka aniani.
10. Ua ike makou i ka wahie.

LESSON 10

The Personal Pronoun—(Continued)

Declension of the personal pronoun, second person, singular number.

Nominative case	oe—you
Genitive case	au, ou—of you
Possessive case	kau, kou—your, yours
Dative case	nau, nou—for you
Accusative case	ia oe, i ou la, nei—you, to you
Ablative case	ma ou la, nei—through you, by you
" "	mai ou aku, mai—from you
" "	me oe—with you
" "	e oe—by you (agent)

Note that the first two forms of the ablative—**ma** and **mai**—use the genitive form of the pronoun, but the last two forms of the ablative—**me** and **e**—use the nominative. This usage prevails in all three persons, singular number.

Vocabulary—Food

berena, palena—bread	laiki—rice
palaoa—flour	ko paa—sugar
uala maoli—sweet potato	paakai—salt
uala kahiki—Irish potato	nioi—pepper
waiupaka—butter	papapa—beans
ipu haole—water-melon	ipu pu—squash
kapiki—cabbage	alani—orange
huamoa—egg	i'a maka—raw fish
i'o pipi—beef	i'a maloo—dried fish
i'o hipa—mutton	i'a mikomiko—salt fish
i'o puaa—pork	pipi kaula—jerked beef
uhapuaa—ham	maiakeke—molasses
ulu—breadfruit	waiu—milk

Sentences

1. Ke waiho nei oia i ka barena ma ka pahu.
2. Ke inu nei ia i ka waiu.
3. Ua ai oia i ka eke laiki.
4. Ua ai lakou i ka uhapuaa.
5. Ke komo nei oia i ka hale laau.
6. Ua ike makou i ka alani, ka ipu pu a me ka ipu haole.
7. Ua waiho lakou i ka pahu huamoa ma ka papa aina.
8. Ke hele nei makou i ka lanai.
9. Ua nalo na lanahu o ke ahi.
10. Ua nana makou i ka pakaukau.

LESSON 11

The Personal Pronoun—(Continued)

Declension of the third person, personal pronoun, singular number.

Nominative case	oia, ia—he, she, it
Genitive case	ana, ona—of him, of her, of it
Possessive case	kana, kona—his, her, its
Dative case	nana, nona—for him, for her, for it
Accusative case	ia ia, i ona la—him, her, it; to him, to her, to it
Ablative case	ma ona la, nei—through him, by him
" "	mai ona aku, mai—from him, her, it
" "	me ia—with him, her, it
" "	e ia—by him (agent)

Ana and **kana** are more intimate forms than **ona** and **kona**; they denote creation and authorship, whereas **ona** and **kona** denote simply possession.

> Example: **Kana papale**—her hat, i.e., a hat made by her.
> **Kona papale**—her hat, either through gift or purchase.

Anei is the sign of the question in a simple sentence.

> Example: Ke ike nei anei oe i keia kanaka? Do you know this man?

Vocabulary—Some Adjectives

akamai—clever	momona—fat, sweet
haumia—dirty	naauao—wise, educated
kahiko—old	naaupo—ignorant
kaumaha—heavy, sad	paumaele—dirty, filthy
kaulana—famous	pokole, pokopoko—short
liilii—small, little	poupou—low stature
loihi—long, tall	poino—unfortunate
maikai—good, excellent	pono-i—own, self, only
makaala—watchful, alert	pono—righteous
maloo—dry	pulu—wet
maemae—clean	uuku—small

Sentences

1. Ke ike nei oukou i ka wai maemae.
2. Ke kali nei lakou ma ka hale kahiko.
3. E pii kakou i ka hale loihi.
4. Ua ai makou i ka uala kahiki a me ka i'a maloo.
5. Ke waiho nei oia i ka eke ko paa ma ka papahele.
6. Ke ike nei au i kona papale maemae ma ka pakaukau.
7. He kanaka naauao a kaulana loa ke kanaka mai Kahiki mai.
8. He wahi maemae loa keia, aka, he wahi paumaele loa kela wahi.

LESSON 12

Compound Prepositions

When adverbs of place are preceded by **ma** or **i** and followed by a preposition, usually **o**, they serve as compound prepositions.

mamua—before, in front of
mahope—behind, after
maluna—above, over
malalo—below, underneath
maloko—inside, within
mawaho—outside
mawaena—between
malaila—there

mamuli—after
maanei—here
ma-o—over there
makai—seaward
mauka—inland
a puni—round about
kahi (ka wahi)—there where

Vocabulary—The Colors

keokeo—white
ulaula—red
eleele—black
oma'oma'o—green
melemele—yellow
lena—yellow
haeleele—brown
poeleele—black
ohelohelo—pink

ahinahina—gray
kikokiko—spotted
poni—purple
akala—pink
hauliuli—dark blue
kalakoa—calico
huapala—chestnut
uliuli—dark blue, green
pouli—dark color

Sentences

1. Ke ike nei au i ka lio eleele.
2. Ke noho nei ke kanaka iloko o ka hale ulaula.
3. Ua ike makou i kekahi mau manu keokeo.
4. Ke ku nei ka ilio haeleele mawaho o ka hale keokeo.
5. Ke paani nei na keiki mawaho o ka hale oma'oma'o.
6. Ke holo nei ka puaa ulaula ikai.
7. Heaha ka inoa o kou lio huapala?
8. Ke noho nei na moa ulaula malalo o ke kumulaau ahinahina.

The Articles, Definite and Indefinite

The definite articles are **ka** and **ke**. The indefinite article is **he**. The semi-definite articles are **kahi, kekahi, hookahi** and **wahi**.

The definite plural is **na**, while the indefinite plural articles are **mau, poe, pae** and **puu**.

Rules for the Use of ka and ke:

1. Words beginning with **a** take either **ka** or **ke**, according to euphony.

   Examples—ka ai—the food   ke ahi—the fire
             ka aina—the land   ke ala—the road
             ka awa—the harbor   ke ano—the form

2. Words beginning with **e** take **ka**.

   Examples—ka elemakule—the old man   ka eha—the pain. hurt
             ka eke—the bag   ka elele—the messenger

3. Words beginning with **i** take **ka**.

   Examples—ka ilio—the dog   ka inoa—the name
             ka ike—the knowledge   ka ili—the skin

4. Words beginning with **o** take either **ka** or **ke**.

   Examples—ka ohu—the fog   ke ola—the life
             ka olioli—the joy   ke one—the sand
             ka olelo—the word   ke oho—the hair (head)

5. Words beginning with **u** take **ka**.

   Examples—ka uku—the reward   ka uhane—the spirit
             ka ua—the rain   ka upena—the net
             ka ukana—the baggage   ka uila—the lightning

Consonants

1. Words beginning with a consonant take **ka**, except when the first letter is **k**; such words take **ke**.

   Examples—ka hale—the house   ka la—the sun, day
             ka manawa—the time   ka niho—the tooth
             ka papa—the board   ka wai—the water

   Exceptions: Some words beginning with **p** take **ke** and not **ka**.

   ke pa—the plate   ke pioloke—the confusion
   ke pihe—the button   ke puhi—the smoking
   ke poo—the head

2. Words beginning with **k** use **ke** for the article:

   ke kahu—the caretaker   ke kino—the body
   ke koko—the blood   ke kai—the sea
   ke kumu—the foundation, cause   ke kulu—the drop

Sentences

1. Ua ike makou i ka uila.
2. Ua lohe makou i ka hekili.
3. Ke hoopaa nei oia i ka ukana.
4. Ke noho nei oia ma ke one.
5. Ua hiki mai ka elele.
6. Ua hele mai ke kanaka mai Maui mai.
7. Ke hahai nei ka ilio i kona kahu.
8. Pehea oukou i keia mau la?

LESSON 14

Interrogative Pronouns

The interrogatives are:

owai?—who?
ehia?—how many?
heaha?—what?
mahea?—where?
auhea?—where?
aihea—where?
ihea?—whither?

mai hea mai?—from what place?
no hea?—of what place?
pehea?—how?
ahea?—when? (future time)
inahea?—when? (past time)
no ke aha?—why?

Vocabulary—Times and Seasons

kekona—second
minuke—minute
hola—hour
la—day
hebedoma—week
mahina—month (lunar)
malama—month (solar)
makahiki—year

awakea—noon
auina la—afternoon
ahiahi—evening
polehulehu—dusk
po—dark night
aumoe—midnight
wanaao—dawn
kakahiaka—morning
au—era, period of time

Kupulau—Spring
Kau—Summer

Haulelau—Fall
Hooilo—Winter

Sentences

1. Hola ehia keia?
2. E hele ana oe ihea i keia kakahiaka?
3. Ua hiki mai lakou i Waikiki i keia awakea.
4. Mahea oe i hele aku i keia ahiahi?
5. Auhea oukou, e na hoaaloha o ka pono?
6. Mai hea mai oukou i keia auina la?
7. Pehea oe i keia wanaao maikai loa?
8. He kakahiaka ino loa keia.
9. Heaha keia mau mea iloko o keia mau pahu?
10. No ke aha la oe e hana nei i keia mea?

LESSON 15

Adverbs of Time

a—when
ano—now
apopo—tomorrow
inehinei—yesterday
pinepine—often, frequently
ae nei—just now, at present
nei—now, at present
inehinei kela la aku—
    day before yesterday
apopo kela la aku—
    day after tomorrow
hikiwawe, koke—quickly
emoole—suddenly

hou—again
oiai—while
e noho nei—at the present time
mamuli—hereafter
auanei—by and by
ma ka po nei—last night
ia po iho—on that very night
a ahiahi iho—when it was evening
alaila—then, there (of place)
mau—ever, constantly
ia la—on that day
ia po—on that night

Vocabulary—Some Adjectives

ano-e—strange, peculiar
awaawa—bitter
hauoli—happy, joyful
haahaa—humble, low
hou—new, fresh
hookano—proud
kiekie—high, chief, lofty
luhi—tired, weary
mana—powerful

mahaoi—cheeky, nervy
makahiamoe—sleepy
nani—beautiful
nunuha—sulky, surly
oluolu—pleasant, congenial
palupalu—soft
pololei—straight, right
pohihihi—obscure
paakiki—hard, stubborn

Sentences

1. He kanaka pololei a oluolu no hoi oia.
2. Ke noho nei oia ma ka aina paakiki.
3. Oia kekahi alii hookano, nunuha a ano e no hoi.
4. Heaha keia mea pohihihi?
5. O lakou he mau poe mahaoi, aka, he mau poe mana no.
6. Ke inu nei oia i ka wai awaawa mailoko mai o ka pakeke.
7. Eia ka wai awaawa iloko o keia kahawai ololi.
8. He mau kanaka makahiamoe lakou, no ka lakou hana nui.
9. Ua ike au i kekahi mau mea nani loa.
10. Ke moe nei ke kanaka makahiamoe maloko o ka hale hou.

LESSON 16

Adverbs—(Continued)

Of Denial:

aole, ole, aohe—no, not
aole hoi—but not
mai—do not
aole i ole—could not but
aole no hoi—not at all, by no means

Mai noho a—do not
alia—not yet
alia nae—but not yet
nae—but, but not

Of Place:

aia—there
eia—here

kokoke—near, close to
a puni—round about

Of Assent:

ae—yes
e—yes

u—yes
oia—that is it, yes truly

Of Affirmations:

no—indeed, truly, true
no hoi—verily, indeed, besides
oia hoi—that is it
pela i'o no—so it is, absolutely

hoi—certainly
oiaio—verily
i'o—truly, really

Vocabulary—Agriculture

kanu—to plant
mahi—to cultivate
waele—to weed
kua—to cut down
kupu—to bud, blossom
ohi—to harvest, gather
ulu—to grow
anoano—seed
a'a—small root
mole—tap root
kihapai—field
mala—garden

nahelehele—thicket
weuweu—herbage
pohaku—stone
pohuli—sucker, shoot
kumulaau—tree
lala—branch
lau—leaf
pua—flower
hua—fruit
mauu—grass
lo'i—taro-patch
kuauna—bank of taro-patch

Sentences

1. Ua kanu oia i na anoano ma ka lepo momona.
2. Ua kupu mai na pua nani a me na hua maikai loa.
3. I ka wa kupono, ua ohi oia i na hua he nui wale.
4. E komo kaua iloko o ka mala oluolu, alaila e hana aku ma ke kihapai.
5. Ke mahi nei ke kanaka hoomanawanui ma kona aina iho.
6. Ke ike nei au i na lala maloo ma ka laau kiekie.
7. Ke ulu hikiwawe nei ka nahelehele mahope iho o ka ua nui.
8. Ua kua ia ka laau kahiko, a ua uhuki ia ka mole o ka laau.
9. Eia na anoano no ka mala.
10. Ke kua nei ke kanaka i ke kumulaau.

LESSON 17

Adverbs—(Continued)

Of Salutation:

aloha—regards, love
welina—how do you do?

anoai—reply to **welina**

Of Doubt:

i—if
ina—if
paha—perhaps

ina paha—if perhaps
malama—perhaps
malama paha—perhaps

Of Resemblance:

like—like
like pu—like with
like me—like as
e like me—according to
menei—thus, like this
pela no—so indeed

pe—as
penei—thus, like this
peneia—thus, like this
peia—like this
pela—so, like
pela no hoi—so also

Vocabulary—Clothing

lole—dress (foreign)
kapa—dress (native)
pa-u—woman's skirt
kuka—coat
palule—shirt
lole wawae—trousers
kihei—shawl, wrap
papale—hat
palema'i—undershirt

pihi—button
hainaka—handkerchief
kamaa—shoes
kakini—stockings
humuhumu—to sew
pini—pin
peahi—fan
kui—pin
kui kele—needle
kahi—comb

Sentences

1. Ua kau oia i kona mau lole ma ka pahu.
2. Eia no kuu kahi, kuu mau kamaa a me kuu mamalu.
3. Ke humuhumu nei ka wahine oluolu i kona pa-u a me kona holoku.
4. Heaha la ke ano o kona kuka a me kona palule?
5. E komo koke oe i kou lole wawae.
6. Ua poina au i kuu hainaka a me kuu kihei.
7. Ua ike oia i kona palema'i maloko o kona keena.
8. He ano-e kona mau kakini a me kona pa kamaa.
9. Eia kekahi peahi ano e.
10. E wehe oe i kou kuka loihi.

LESSON 18

Particles

wale—the state of a thing, as it is, merely, just so
wale no—only, that only, nothing with
la—refers to place
a pau—all
pu—together
ea—calling attention
loa—very (intensive)
iki—a little, very little, at all
eia kekahi—again, besides
eia hoi kekahi—another point
aneane—nearly, almost
e—new, strange
mai—nearly
auhea oe—listen, give ear, "where are you?"
kainoa—I supposed. "Kainoa he oiaio, aole ka!—I thought
   it was true, but it is not."

Vocabulary—Natural Phenomena

honua—earth	makani—wind
ao—world	hekili—thunder
la—sun	uila—lightning
mahina—moon	ohu—fog
hokú—star	ola'i—earthquake
aouli—sky	hokulele—meteor
lani—heaven	punawai—spring
ea—air	mahina poepoe—full moon
ua—rain	luapele—volcano
anuenue—rainbow	kukuna—sun-ray
mimilo—whirlpool	waili'ula—mirage
naulu—sudden rain	kiowai—fountain
waipu'ilani—waterspout	kualau—squall
lepo—dirt, soil	kikiao—squall
pahoehoe—smooth lava	uahi—smoke

Sentences

1. Ke ike nei kakou i ka awawa poeleele a me ka wailele kokoke i ke kai.
2. Ua lohe anei oe i ka hekili ma-o?
3. Ma ka po nei, ua ike au i ka uila ma ka aoao komohana.
4. Ke nana nei lakou i na hoku a me ka mahina poepoe ma ka lani.
5. Eia kekahi muliwai nui ma ka aoao hema o ka aina.
6. Ke pa nei ka makani ikaika mai ka mauna mai.
7. Mahope mai o ka ua, ua ike makou i ka anuenue nani, ma-o loa.
8. Ua haalulu ia ka honua mamuli o ka ola'i.
9. Ke ike nei au i na kukuna o ka la.
10. Aia ma ka lani he anuenue nani loa.

LESSON 19

Conjunctions and Interjections

The principal conjunctions are:

a—and, and when, when; used in connecting verbs
me—with, together with
a me—and, and with
laua o—and with (used in the dual)
ma laua—and with (used in the dual)
laua me—along with (used in the dual)
nae—but, besides, however
aole nae—not however
no ka mea—because
no ia mea—for that reason, for that cause, on this account
nolaila—therefore, wherefore
alaila—then
aka—but
hoi—also
aka hoi—but besides that
i ole ia—if not it, or
a i ole ia—if not it, or

Vocabulary—Adjectives

awahia—bitter	maona—satisfied (with food)
epa—dishonest	molowá—lazy
haaheo—proud	mulea—insipid
hoohiehie—proud	mikioi—neat, nice
hookipa—courteous	oko'a—contrary, different
hookuli—disobedient	ona—drunk, intoxicated
ilihune—poor	ono—luscious, delicious
ko'iko'i—heavy, substantial	popopo—decayed
kamaha'o—wonderful, surprising	piha—full
kuli—deaf	pala—very ripe
kanikáu—doleful	paapú—dense
lokahi—of one mind	poniuniu—dizzy
manalo—sweet, brackish	waipehé—most congenial

Sentences

1. He kanaka ona oia, nolaila e haalele kakou iaia.
2. Ua ike au i kekahi mau keiki hookuli ma keia hale.
3. Eia ke kanaka makaala a akamai no ka hana maikai.
4. Aole oia he mea haaheo a hoohiehie, aka, he kanaka hookipa oia.
5. Ke makemake nei au e hiamoe, no ka mea, nui kuu luhi.
6. He hale koekoe loa keia hale pili.
7. No ke aha la he kanaka kanikau oe?
8. O ka poe ma keia aina maloo, he mau poe ilihune lakou.
9. Ua kapa ia lakou he mau poe oko'a a epa no hoi.
10. He wahine poniuniu mau oia.
11. Ua lohe wau i ka nu hou kaumaha, nolaila, nui kuu kaumaha.
12. Ke komo nei ka muliwai iloko o ka moanawai nui.
13. Ua piha ka honua me ka nani o ke Akua mau loa.
14. Aia ma ka loko, he kahawai uuku.
15. Ua ike makou i kekahi wailele kiekie ma ka pali hauliuli.

LESSON 20

Interjections

The principal interjections are:

einei—I say!
ea!—hear ye!
e-o!—answer to a call
auwe!—alas! (This does not fully express the full force of
   auwe)
a-he!—indeed; oh, that's so.
ka! kahaha!—surprise, displeasure, absurd
kahuhu!—strong disapproval, unbearable
ina!—oh that; would that; go to! come on!
hele pela!—begone!

Vocabulary—Adjectives

hawawá—unskilled
hookiekie—proud
hohonu—deep
huikau—chaotic
hemahema—awkward
koekoe—damp
kekee—crooked
kupono—suitable
lua ole—matchless
lapuwale—worthless
lolelua—fickle
lauwili—undependable
makepono—cheap bargain

makehewa—unprofitable
molehulehu—dusky
maoli—indigenous
makewai—thirsty
poepoe—round
poopoo—deep
papa'u—shallow
pilau—foul-smelling
pomaikai—blessed
pupuka—worthless, unsightly
pololi—hungry
waiwai—rich
wiwoole—fearless

Sentences

1. Aia no he ohu molehulehu maluna o ka moanawai.
2. Ua oi aku ke kiekie o Haleakala mamua o Hualalai.
3. Ua kapa ia ka makani mai ka akau hikina mai, ka makani kamaaina.
4. O Kaahumanu ka inoa o ka wahine punahele o Kamehameha.
5. Mai hele oe i ka luapele, o make oe.
6. He aina pali o Molokai ma ka aoao hikina.
7. Ua ku oia i kona makuakane. Pela no kuu manao.
8. Ke ulu wale nei ka nahelehele me ka mahi ole ia.
9. Pomaikai ka poe i haahaa ka naau.
10. Hohonu loa keia aoao o ka moana, aka, he papa'u kela aoao.
11. Nui kuu makewai ma ka waonahele.
12. He mau poe lauwili a lolelua lakou a pau.
13. Ua ike au i kekahi mau poe pupuka a lapuwale no hoi.
14. He kanaka wiwoole, aka, he kanaka hawawa loa oia.
15. He mea ilihune oia, aole he mea waiwai.

LESSON 21

Order of Verbs and Adjuncts

The order of a verb in a sentence is this:
1. The tense sign—**i, ua, e,** etc.
2. The verb itself.
3. The qualifying adverb—**mau, wale, ole, pu,** etc.
4. The passive sign—**ia.**
5. The verbal directives—**aku, mai, iho, ae.**
6. The locatives—**nei,** or **la,** or particles **ana** and **ai.**
7. The strengthening particle **no.**
8. The subject.
9. The object or predicate noun.

> Example: Malaila i malama malu ia aku ai o Laieikawai.
> There Laieikawai was cared for secretly.

Vocabulary

Animals	Insects, Reptiles, Etc.
holoholona—animal	pulelehua—butterfly
pipi—cattle	lanalana—spider
lio—horse	nonanona—ant
ilio—dog	naonao—ant
puaa—pig	nalo—fly
hipa—sheep	nalo meli—honey-bee
kao—goat	nalo paka—wasp
kia—deer	unihi, uhini—grasshopper
hoki—mule	elelú—cockroach
ekake—donkey	pinao—dragon-fly
popoki—cat	nahesa—snake
iole—rat	peelua, anuhe—caterpillar

Sentences

1. Ke kolo nei na elelu maloko o ka pahu lepo.
2. Aia no kekahi mau unihi oma'oma'o a me kekahi mau lanalana he nui loa iloko o keia keena uuku.
3. Ua ike wau i ewalu mau hipa ahiu, ekolu pipi laka, elima mau kia a me kekahi mau kao he nui wale iloko o keia pa.
4. Ua helu au i ka nui o na puaa a me na ilio o keia kanaka waiwai.
5. Ke hiamoe nei ka popoki keokeo iloko o kona hale maikai loa.
6. Ua noho ka ilio iloko o ka hale pohaku mehameha.
7. Ke ike nei anei oe i ka pulelehua e lele ana ma-o?
8. Ke ai nei ka ekake i ka nahelehele kokoke i ka hale laau.
9. Ke holo nui nei ke kia ikai.
10. Ke kolo nei na nonanona eleele ma ka honua maloo.
11. Aia no kekahi mau pipi momona loa iloko o keia wahi uuku.
12. Ke lele nui nei na nalo paka mawaho o ka hale kahiko.
13. Ke ike nei na popoki lena i ka ilio keokeo.
14. Ua hahai aku na ilio o ke kanaka maikai i ko lakou haku.
15. Ke kolo nei ka nahesa iloko o ka mauu.

LESSON 22

Vocabulary Exercise—Verbs

haawi—to give
hanau—to be born
hoola—to save
hoomakaukau—to prepare
hoolilo—to cause a transfer
hookaawale—to separate
hoomoana—to encamp
kaahele—to travel
kauo—to draw, to drag
ku'i—to pound, to sew

iho—to descend
kokua—to help
koi—to urge, implore
kipaku—to expel
moku—to sever, to cut
mae—to wither
naue—to shake, to retire
noi—to beg, to ask
pule—to pray
pu-a—to tie in bundles

Adjectives

apuupuu—rough (road)
hanohano—honorable
hoopono—moral, honest
hoihoi—joyful
kilakila—majestic
kulike—equal
kolohe—mischievous
kupaianaha—wonderful
kupikipiki-ó—raging (sea)

laka—tame
la'i—calm, quiet
lawa—enough
laumania—smooth (road)
malualua—rough (road)
makaukau—ready, prepared
nui wale—abundant
palaka—inactive
puniwaiwai—covetous

Sentences

1. Ke ku nei ka mauna kilakila mamua o kakou.
2. Ke hele aku nei ke kanaka puniwaiwai i kona hale.
3. Ua ike makou i ke kai kupikipiki-ó inehinei.
4. Ke pii nei na lio ma ke alanui malualua a e iho ana lakou ma ke alanui laumania.
5. Ua noi aku oia i ka poe hoopono e kokua mai i ka poe palaka.
6. Ua hanau ia oia ma kekahi wahi kupaianaha loa.
7. E mae koke ia keia mau pua nani loa.
8. Ua hoomakaukau ia ka paina awakea e ka poe hoihoi ma ka naau.

Vocabulary—Birds

manu—bird
pueo—owl
kolea—plover
nene—goose
koae—tropic-bird
iwa—man-of-war bird, frigate bird
pelehú—turkey
moa—chicken
aukuu—night heron
koloa—wild duck
akekeke—turnstone
alae—mud-hen

manu kolohala—pheasant
manu kapalulu—quail
manu kaka—tame duck
noio—tern
hunakai—sanderling
kukuluaeo—stilt
oma'u—thrush
ulili—snipe
kioea—curlew
alalá—crow
i'o—hawk
nunu—dove

LESSON 23

Vocabulary Exercise—Verbs

hanai—to feed, to rear
hookau—to put upon, go upon
ho'i—to return, go home
hoohalike—to resemble
hoino—to censure, to harm
hoomanawanui—to be patient
hoomaemae—to clean
hui—to unite
hookomo—to cause to enter
kukulu—to build

kauoha—to command
kikeke—to knock
kulu—to drip
kahili—to brush
lohi—to be slow, tardy
lana—to float
ninau—to question
niele—to ask question
ninini—to pour
lawe—to take, bring

Adjectives

eha—hurt, sore
eehia—solemn
ekaeka—dirty
holomua—progressive
hia-a—wakeful
hakahaka—empty
ikiiki—stuffy, hot
ihiihi—sacred
kapakapa—assumed (name)

lealea—pleasing, agreeable
mama—light
mikomiko—seasoned
maka'u—afraid
makamae—precious
nakui—diligent, joyful
puiwa—surprised
pookela—more excellent

Sentences

1. Ke ho'i aku nei ke kanaka puiwa i ke kauhale.
2. Ihiihi a pookela ka aina o Kualoa i ka wa kahiko.
3. Ke hoomaemae nei ka wahine i kona lole hou.
4. Ke kikeke nei ke keiki ma ka puka o ka hale hakahaka.
5. Ua like loa ka makana makamae me keia mea.
6. Eehia a ihiihi ka halawai o na kahuna ma Waipio.
7. He wahi ikiiki a ekaeka no hoi i noho ole ia e na kanaka.
8. He kanaka puiwa a maka'u oia ma ka ike ana i na mea ano-e.
9. E hoomanawanui oe ma ka loaa ana i na mea pookela loa.
10. O Zakaio ka inoa kapakapa o keia kanaka holomua, aka,
    o Ioane kona inoa pololei.
11. Ua hookaawale ia ka poe kolohe a me ka poe hanohano.
12. E haawi mai oe ia'u i kekahi mau pipi laka.

LESSON 24

Demonstrative Pronouns

keia—this
kela—that
kela mea keia mea—everything
ua . . . nei—this
ua . . . la—that

ia—that
kela me keia—every
neia—this, the present
(often used of time)
i neia la—today

With these two demonstratives, ua . . . nei and ua . . . la, the noun is inserted between the two parts of the pronoun, as **ua moku la,** that ship; **ua hale nei,** this house.

Examples: Ma keia mau pae aina—At this cluster of islands.
Ua uuku ia, ua nui aku keia—That was little, this was greater.
Pehea oe i neia la?—How are you this day?
Ia po iho—That night after.
O Moho ka inoa o ua kanaka la—Moho was the name of that man.

Ia by itself means "that," but when followed by **la** also means "that," and when followed by **nei** means "this."

Example: Aole wahi inoino o ia nei—There is no hurt upon this (person).

Vocabulary—Marine Terms, Fish, Etc.

kai—sea
moana—ocean
kai emi—ebb tide
kai nui, kai piha—high tide
kai maloo, kai make—low tide
kaikoo—rough sea
one—sand
kahakái—seabeach
limu—seaweed
ko'a—reef
pihaá—driftwood
au—ocean current
i'a—fish
ula—lobster
wana—sea-urchin
ohiki—sand-crab

malolo—flying fish
papa'i—crab
alamihi, elemihi—small black crab
koholá—whale
hee—squid
manó—shark
mahimahi—dolphin
amaama—small mullet
anae—large mullet
honu—turtle
puhi—eel
ale—wave at sea
nalu—wave at shore
a'u—sword fish
opae—shrimp
opihi—shell-fish

Sentences

1. Ke au nei na mano ma ke kai hohonu.
2. Ke lana nei ka pihaa ma ke kai malie.
3. Ke ike nei anei oe i kekahi mau mahimahi ma-o?
4. Eia kekahi mau ula nunui kokoke i ke ko'a.
5. Ke imi nei ka wahine opio i mau limu ma kahakai.
6. Ua lawe ia mai na hina'i me na amaama.
7. Ke hoopaa nei ka lawaia i kona eke i hoopiha ia i na hee.
8. He kai piha anei ia, he kai maloo paha?
9. Ua imi makou i mau i'a ano e, aka, aole i loaa ia makou.
10. Eia na nalu nui o ke kai kupikipiki-o.
11. Ua kapa ia keia wahi ka Moana Pakipika.
12. Ke hahai nei na a'u i ke kohola nunui.
13. Ehia mau alamihi iloko o kou eke, e Olopana?
14. Ke kolo nei na ohiki ma ke one keokeo.
15. Aia no he mau hee e pee ana malalo o na pohaku.

LESSON 25

Numerals, Numeral Adjectives

The cardinal numbers are as follows:

kahi, hookahi—one	umikumamakahi—eleven
akahi—one	umikumamalua—twelve
elua—two	umikumamakolu—thirteen
ekolu—three	iwakalua—twenty
eha—four	iwakaluakumamakahi—twenty-one
elima—five	kanakolu—thirty
eono—six	kanakolukumamakahi—thirty-one
ehiku—seven	kanaha—forty
ewalu—eight	lau—four hundred
eiwa—nine	mano—four thousand
umi—ten	kini—forty thousand
	lehu—four hundred thousand

The old number for four was kauna and for forty it was kaau.

The American missionaries introduced the following:

kanalima—fifty	kanaiwa—ninety
kanaono—sixty	haneli—one hundred
kanahiku—seventy	kaukani—thousand
kanawalu—eighty	miliona—million

Formerly one hundred would have been expressed thus—elua kanaha me ka iwakalua—"two forties and one twenty."

Numeral adjectives are of three classes—cardinal, ordinal and distributive. Cardinal numbers are used in counting. Ordinal numbers are used in expressing order of succession, as **ka mua,** the first; **ka lua,** the second; **ke kolu,** the third. They are formed by prefixing the definite article **ka** or **ke** to the simple cardinal.

The distributive apportion out a number to an individual. They are formed by prefixing the syllable **pa** to the simple cardinal number, as **pakahi,** one by one; **palua,** two by two; **pakolu,** three by three; **pakanaha,** by forties.

Vocabulary—Navigation and Fishing

lawaia—fishing, fisherman	makau—fish-hook
waa—canoe	maunu—bait
waapa'—boat	mokoi—fish-rod
moku—ship	liu—bilge water
kia—mast	hoe—paddle, oar
pe'a—sail	luina—sailor
holo—to sail	kapena—captain
ka—to bail	malama moku—first mate
upena—fish-net	kahumoku—second mate

Sentences

1. Kauoha ae la ke kapena e pu-a ia na pe'a.
2. Ke holo nei na waapa me ko lakou mau ohua.
3. Ke ka nei na luina i ka liu mailoko ae o ka moku.
4. E haawi mai oe ia'u i kou mokoi a me kou maunu.
5. Ke hoe nei ka po'e iloko o ka waa ulaula.
6. Owai la ke kapena o keia moku keokeo?
7. Heaha la ke ano o keia upena nunui?
8. Ua popopo loa ka pe'a kahiko o keia moku.

LESSON 26

Comparison of Adjectives

Positive	poko—short
Comparative	poko iki—a little short
"	poko ae—shorter
"	poko iki ae—shorter still
Superlative	poko loa—shortest, very short

Vocabulary—Human Relationships, People, Etc.

kanaka—man
kánaka—mankind
kane—male
wahine—female
elemakule—old man
luahine—old woman
po'e—persons
pokii—youngest child
panina—youngest child
keiki—child
kamalii—child
makua—parent
makuakane—father
makuahine—mother
keikikane—son
kaikamahine—daughter
kupunakane—grandfather
kupunawahine—grandmother
makahiapo—first born
moopuna—grandchild

kaikuaana—older brother of a brother, older sister of a sister
kaikaina—younger brother of a brother, younger sister of a sister
kaikunane—brother of a sister
kaikuahine—sister of a brother

alii—chief
mo-i—monarch, king
aupuni—government
mokuaina—state
kahuna—expert, professional man
lahui—nation, people, race
makaainana—citizen, commoner
kalaiaina—political matters
kauwá—servant
kaua—war

Sentences

1. Owai ka inoa o keia luahine e hele mai ana?
2. O Keoni ke kaikuaana a o Samuela ke kaikaina.
3. Ehia mau po'e e noho nei iloko o keia mokuaina i keia wa?
4. Owai la ka mo-i mua o Hawaii nei?
5. Ehia mau keikikane a me kaikamahine a laua i hanau ai?
6. Eia no na 'lii mamua o na kahuna a me na makaainana.
7. He lahui oluolu a maikai loa ka lahui Hawaii.
8. O Kahekili ke kupunakane, a o Kealoha ke kupunawahine.
9. Ua ike makou i kekahi lawaia akamai loa ma Kawaihae.
10. Komo ae la oia iloko o ke kai hohonu loa.
11. He kanaka poko o Liloa a o Noa he kanaka poko iki.
12. Ke ai nei na iole i na hua o keia mau kumulaau a pau.
13. E komo oe iloko o ka mala, e waele i na wahi a pau.
14. E kua i keia kumulaau waiwai ole.
15. He ano-e keia mau pua maluna o keia kumulaau loihi.

LESSON 27

Verbs—the Subjunctive and Imperative Moods

The present subjunctive is formed by prefixing **ke** to the verb and it differs from the present indicative by dropping **nei** or **la** after the verb.

Present Subjunctive
Ke hana au—If I do.
Ke hana oe—If you do.
Ke hana ia—If he does.

Future Subjunctive:
Ina e hana au—If I shall do.
Ina e hana oe—If you shall do.
Ina e hana ia—If he will do.

Past Subjunctive
Ina lawe au—If I carried.
Ina i lawe au—If I should carry.
I lawe au—If I should carry.

Ina, i, ina paha, malama paha are words generally used to express a state of doubt, uncertainty or condition.

Imperative Mood

It handles commands, entreaties, etc.

E nana oe—Look thou.   E hana oe—Work thou.
E hana ia—Let him work.

Sometimes o or ou are substituted for e.

O hoi oukou—You must return.   O hele oe—You must go.
E malama oukou ia oukou iho—Take care of yourselves.
E hoi oe i kou wahi a hiamoe—Go back to your place and sleep.
E ala oe a e hele i ka hana—Wake up and go to work.

The word mai is used for bidding and prohibiting.

Mai hana hou pela—Do not do so again.
Mai olelo oe i ka olelo wahahee—Do not speak lies.

Vocabulary—Trees and Plants

kumulaau—tree
ohe—bamboo
koa—native mahogany
ulu—breadfruit
maia—banana
poha—cape gooseberry
pu—squash
papapa—bean
ipu haole—water-melon
pu'e—potato hill
pilikai—beach-creeper
naupaka—beach bush
koli—castor-oil

ohai—monkey-pod
neneleau—sumach
puhala—pandanus
niu—coconut
loulu—native palm
akala—thimble berry
uala maoli—sweet potato
uala kahiki—Irish potato
akaakai—onion, bulrush
puakala—thistle
pohuehue—beach vine
he-i—papaia
milikana—papaia

Sentences

1. Owai kou kupunakane a me kou kupunawahine?
2. O Kalakaua ke kaikunane o Liliuokalani.
3. He nui na kahuna akamai ma Molokai i ke au kahiko.
4. He mau kauwa lakou no ke alii nui.
5. Ehia ou mau moopuna e noho nei?
6. Ke noho nei ka elemakule a me ka luahine me ka laua mau keiki.
7. O Kanewanui ka makuakane, a o Melekuli ka makuahine.

LESSON 28

Relative Pronouns

The Hawaiian has very little use for the relative pronoun. This is how he would express himself: Olelo mai la ka mea nana ka olelo. The expression means "the person spake, it was his office to speak." O ka'u poe keiki ka poe nana ka laau.—"My children are those for them the timber," literally, but "My children are those who will own the timber" expressed more freely.

Indefinite Pronouns

ha'i—another
kauwahi—some part, some
kahi—one, a certain

wahi—some, a little
kekahi—some, certain, a
e—different, strange

Vocabulary—Utensils

ho—hoe
kope nihoniho—rake
kaula—rope, string
kaulahao—chain
pahiolo—saw
kuihao—nail
kipikua—pickaxe
noholio—saddle
kaulawaha—bridle
palelio—saddle-cloth

palau—plow
ookope—spade
koilipi—axe
koiliilii—hatchet
apuapu—file
kuinao—screw
kaa—car, wagon
kepa—spur
kiwi—horn
kaulalli—lasso

Sentences

1. Ua lawe ia mai kekahi mau kope nihoniho a me kekahi mau ho.
2. Ehia mau kapuai ka loihi o keia kaulahao?
3. Heaha la ke ano o keia palau? He mea maikai paha, aole paha?
4. Ke hana nei ke kanaka ikaika me kona kipikua a me kona ookope.
5. He mea akamai loa oia me kona kaulaili.
6. E hookau oe i keia noholio a me keia palelio ma ka lio.
7. E hookomo ae oe i keia kaulawaha iloko o ka waha o ka lio.
8. Ua haki ia ke koilipi kahiko, nolaila e kuai mai oe i kekahi mau koiliilii hou ae.
9. Ke hana nei ke kamana me kona pahiolo iho.
10. Heaha ka waiwai o ke kuinao a me ka apuapu?
11. Ke ku'i nei ke kanaka me ka hamale a me na kuihao.
12. Ua haawi aku au ia mea ia ha'i.
13. Ua ike au i ka poino o ka aina i na holoholona.
14. Owai na mea e pani i ko lakou hakahaka?
15. He mea pono anei ia ha'i ke wehe wale i ka wepa o ka ha'i palapala, a nana wale i na olelo a pau maloko; me ke ae ole ia 'ku e ka mea nona ia palapala?

LESSON 29

Compound Verbs

A simple verb with some syllable prefixed sometimes gives a different shade of meaning and sometimes not from the simple verb.

hee—to flee	auhee—to flee
pili—to fit, cleave to	kapili—to join boards together
oli—to sing	hauoli—to rejoice
holo—to run	naholo—to run on the ground
hea—to call	kahea—to call
nee—to slide along	panee—to slide along
pehi—to pelt	kipehi—to pelt
ohi—to collect	kaohi—to restrain

The anomalous verb **loaa.** It means to get, to obtain, to meet with. It is used only in this form, generally as a passive verb, frequently however as a neuter.

Ua loaa olua ia Kahinu?—Have you two met with Kahinu?
O ka poe i loaa ke kala.—Those who obtained the money.
Ua loaa mai ia'u ka palapala.—I have received the letter.
Imi oia i ke keiki, aole i loaa.—He sought for the child; he did not find him.

Vocabulary—Occupations

amara—blacksmith	loio—lawyer
kamaná—carpenter	kauka lapaau—doctor
kahuhipa—shepherd	kahunapule—minister
pa'ipalapala—printer	kalepa—merchant
mahiai—farmer	kuene—steward
luina—sailor	koa—soldier
paniolo—cowboy	kuke—cook

Sentences

1. Ke auhee wale nei na paniolo ma ko lakou mau lio iho.
2. Ke hana hoomanawanui nei na amara iloko o ko lakou mau hale.
3. O Kauka Kamika ka inoa o keia kauka lapaau hou.
4. Ke nana nei kakou i na mahiai e hana ana iloko o ke kihapai.
5. E ke kuene, e hele koke mai oe.
6. He mau koa wiwoole lakou a pau.
7. Ua hui pu na loio a me na kalepa me ka lokahi o ka manao.
8. Ua hele aku la na kahunapule mailoko ae o ke kauhale.
9. Ehia mau kahuhipa e noho nei ma keia mokupuni?
10. Aole lawa ka nui o ka poe pa'ipalapala ma Honolulu nei.
11. Ke oli nei keia paniolo mai ka wanaao a hiki aku i ke ahiahi.
12. Ke hauoli nei na luina no ke kai malino.
13. Ke hana nui nei na kuke ma keia haleaina nunui.
14. Ke kahea nei oukou i na mahiai mailoko mai o ke kihapai nui.
15. Ua loaa oukou i ke kiaaina hou o Hawaii nei?

LESSON 30

Nouns and Adjectives

There is no declension of nouns by termination, as in the European languages. The declension of a simple noun was given in Lesson 8.

The plural of the noun is formed by prefixing **na** to the noun. If a noun is made plural by **mau,** either the articles **kahi** or **kekahi** must precede **mau.**

Examples: Kekahi mau lio—Some horses.
Ua ike au i kekahi mau kanaka ma ia wahi.—I saw some men in that place.

Adjectives

They tend to qualify the meaning of nouns by expressing:

1. Quantity, as

he manawa loihi—a long time
he wa pokole—a short space of time
he eke lahilahi—a thin bag

2. Quality, as

he makani oluolu—a pleasant breeze
ka la ino—the stormy day, the bad day

3. Number, as

lehulehu na kanaka—numerous the people
na kanaka eono—the six men

4. Order, as

ka mua o ka hale—the first house
ka hiku o ka la—the seventh day

Vocabulary—Buildings

hale pohaku—stone house
hale laau—wooden house
hale pili—grass house
hale lepo—adobe house
hale aina—restaurant
hale hookolokolo—court-house
hale paahao—prison, jail
hale hookipa—hotel, inn
hale pule—church
hale lapaau—hospital
hale keaka—theatre
hale kiionioni—moving-picture hall
hale kuai—store
papohaku—stone-wall

kia—pillar, post
kauhale—village
kulanakauhale—city
kamala—temporary house
pukapá—gate
pou—post
o'a—rafter
kaola—beam
pililaau—shingle
papa—board
puna—mortar
one—sand
palaau—wooden fence
halau—long house (canoe-shed)

Sentences

1. E ku kakou imua o ka hale pili kokoke i ke kahawai.
2. Aia no he hale keaka nui iloko o kela kulanakauhale.
3. E lawe mai oe i na o'a a me na kaola no keia hale hou.
4. Ua pau ka hale hookolokolo i ke ahi.
5. Ke kukulu nei na kamana i mau hale laau hou no ka haku aina.
6. Ua piha ka hale paahao i ka poe lawehala inoino.
7. Ke hele mau nei au i ka haleaina i na awakea a pau loa.

LESSON 31

Adjectives—(Continued)

There are three classes of adjectives:

1. Those that stand immediately after the nouns they qualify.
   He laau kiekie—A tall tree.
   Na wahine haole—The foreign women.

2. Those that stand before the nouns they qualify.
   Eha hale kula—Four schoolhouses.
   Ehiku mau eheu—Seven wings.

3. Those that stand before the noun, but with an article or some qualifying word.
   He elima lakou, ekolu kane, elua wahine—
   They were five, three men and two women.
   He nui na kanaka i lilo—Many were the men lost.

The words **he** and **ua** before words otherwise adjectives, very frequently have the power of affirmation or of giving the adjective or word before which they stand the power of a verb.

Examples: Ua ino—It is bad.   He ino—It is bad.
          Ua maikai—It is good.   He maikai—It is good.
          Ua akea ka papa—Broad is the board.
          He akea ka papa—Broad is the board.
          Ua huhu ia—He is angry.
          He huhu kona—He is angry.

Nouns may be turned into adjectives by being placed immediately after other nouns, in which case the last noun qualifies the first as an adjective.

Examples: He kumu kula—A school teacher.
          Ka hale pohaku—The stone house.
          He kanaka waiwai—A rich man.

Many adjectives are used as nouns by taking articles before them.

Examples: Ina e ao aku ka naaupo i ka poe naaupo—
          If the ignorant man teaches the ignorant man.
          He lohe ole ke kuli—The deaf man hears not.

Vocabulary—Schools

kumukula—teacher	na helu—arithmetic	heluhelu—to read
haumana—pupil	anaaina—surveying	kakau—to write
halekula—schoolhouse	aohoku—astronomy	helu—to count, figure
puke—book	noho—bench	olelo—language
aoao—page	inika—ink	hoikehonua—geography
pepa—paper	papa eleele—blackboard	anahonua—geometry
huaolelo—word		kumuhonua—geology

Sentences

1. E aʻo ia na haumana a pau iloko o keia kula i keia mau kumuhana—hoikehonua, aohoku, helunaau a me anaaina.
2. E hiki i keia mau keiki ke helu, heluhelu a ke kakau no hoi.
3. Heaha la kéia mau mea i kakau ia ma ka papa eleele?
4. Ua lepo loa na noho no ka inika i haule ia ilalo.
5. E heluhelu oe i ka aoao elima o keia puke.
6. Ehia mau kumukula a ehia mau haumana iloko o keia kula nui?
7. Ua piha loa ka halekula i na haumana eleu loa.
8. Ma ka olelo hea a lakou e olelo nei i keia mau la?
9. Owai ka inoa o keia kumukula maikai?

LESSON 32

Verbal Directives

That which is denoted by a verb is usually regarded as having a motion or tendency in some direction.

There are four verbal directives:

1. Mai—hither, this way, towards the speaker.
2. Aku—away, onwards, away from the speaker.
3. Ae—upwards, sideways, in an oblique direction.
4. Iho—downwards.

In narration, **iho** means thereupon, immediately after, next, as a consequence.

Aku and **ae** are also used of time, as:

Kela la aku—the next day; ia la ae—the next day.
Kela mahina aku nei—next month; keia mahina ae—next month.
Keia makahiki ae—next year; mai keia hope aku—hereafter.

Nei and **la** were originally used to indicate locality, as "here" and "there" and are opposed to each other in meaning.

Nei means present, in place and time, here and now, while **la** denotes distance in place, but not necessarily in time.

La unites with the directives so as to form one word with it in pronunciation and after **aku, iho** and **ae,** the accent is shifted to the last syllable, as ihó la, akú la, aé la.

They are used with nouns expressive of place.

Examples: Mai Lahaina mai—From Lahaina this way, this side of Lahaina.
Ma ia wàhi mai—From that place, this way.
Ma Lahaina aku—At Lahaina onward.
Ma ia wahi aku—From that place further on.
Mai ia wahi ae—From that place one side.
Mai ia wahi iho—From that place lower down.

They are used more frequently, however, with adverbs of place:

Malaila aku—Further on (from the speaker).
Malaila mai—There, but this side (towards the speaker), this side of there.
Malaila ae—There, one side of there, right or left.
Malaila iho—There, below there, below that place.

Vocabulary—Religious Terms

Akua—God
Iesu Kristo—Jesus Christ
Uhane Hemolele—Holy Spirit
ekalesia—church (organization)
hale pule—church (building)
luakini—temple
manaoi'o—faith
manaolana—hope
aloha—charity
himeni—hymn
halelú—psalm
mohai—sacrifice
mea uwao—intercessor
puni—desire

Baibala—Bible
Kauoha Kahiko—Old Testament
Kauoha Hou—New Testament
halawai—meeting
hoomana—worship
kaula—prophet
lunaolelo—apostle
lunakahiko—elder
kiakona—deacon
Ahaaina a ka Haku—Lord's Supper
pono—righteousness
hewa, hala—sin
lani—heaven
loina—doctrine, rule
manawale'a—alms

[37]

LESSON 33
The Relative Particle "ai"

Ai is a relative particle and often supplies the want of a relative pronoun. It follows the verb and refers back to a preceding noun or to an adverb or adverbial phrase expressing time, place, cause or manner.

The **a** in **ai** is often dropped after a verb ending with **a** and after the passive sign **ia.**

Examples: Hana 'i is used instead of hana ai. Loaa 'i is used instead of loaa ai.

Ai is sometimes omitted when **nei, la** or **ana** takes its place. **Ai** must be used in the following four instances:

1. In relative clauses in which the relative would be the object of the verb in English, as **na mea ana i ike ai,** the things which he saw.

2. In relative clauses in which the relative refers to a thing which is the means, cause or instrument by which anything is or is done.

   Example: Eia ka mea i make ai na kanaka—
   Here is the cause from which the people died.

3. In relative clauses where in English the relative adverbs "when" or "where" would be used, referring to a time or place in which anything is or is done.

   Example: I ka la a makou i hiki mai ai—On the day when we arrived.

4. When an adverb or adverbial phrase expressing time, place, cause or manner stands for emphasis at the beginning of the sentence.

   Examples: Malaila oia i ku ai—There is the place where he stood.
   Maanei kakou e hana aku ai—Here is where we shall work.

Vocabulary—Verbs

haka—to stare at
hoa'o—to try, to taste
hooholo—to cause to run, to determine
hookó—to fulfill
kiha—to sneeze
kala—to forgive, excuse
kuha—to spit

lalau—to seize, to wander
kii—to fetch
make—to die
maopopo—to understand
nanea—to be idle
noonoo—to consider
pau—to be ended, finished
peku—to kick

puoho—to start in fright
pale—to ward off
uhae—to tear, to rend
uwá—to shout
uhauha—to live wastefully
ukali—to follow
wahahee—to lie, deceive

Sentences

1. E noho kaua maanei a pau ka ua. E pau koke ae no; he naulu wale no.
2. E hookaawale ia oe iho mai na hoalauna lapuwale.
3. Ina e nanea mai ana kekahi poe ma na mea e palaualelo ai, e pale aku oe ia lakou.
4. He palupalu na hewa liilii i ka wa kolo, lolelua i ka wa kamalii. O'olea i ka wa u'i, loliole ia i ka wa o'o, onipaa i ka wa elemakule.
5. O ke keiki pono, aole oia e aihue, aole hoi oia e wahahee.
6. O ke alá o ka naauao, ke alá ia o ka maluhia.
7. O ka hana hewa, na ke kanaka ia; o ke kala aku, na ke Akua ia.
8. I kou ike ana i na hewa o ha'i, e noonoo oe no kou mau hewa iho.
9. O ka puke maikai, ua waiwai ke heluhelu pinepine ia.
10. Mai ae i kekahi mea e keakea i kou heluhelu ana.
11. E ninaninau oe no na mea i maopopo ole ia oe. E ninau aku i ka poe ike; e ninau nae me ka haahaa a me ke akahai.
12. Mai uhauha oe i kou dala, malia paha he uuku wale no kau.

LESSON 34

The Construction of Sentences

The Hawaiian language is remarkably flexible. As an example, we may render the English sentence—"I give this to you"—into Hawaiian, thus:

Ke haawi aku nei au i keia ia oe—I give this to you.
Owau ke haawi aku nei i keia ia oe—I give this to you.
O keia ka'u e haawi aku nei ia oe—This is mine to give to you.
O oe ka mea a'u e haawi aku nei i keia—You are the one of me to give this.
Na'u keia e haawi aku nei ia oe—For me is this to give to you.

The subject

The general rule is that the subject follows its predicate.

Examples: Ua hele mai nei au—I have come here.
Ke uwe nei ke keiki—The child cries.
He aihue ia—He is a thief.

The name of the person, when in the nominative case, is regularly preceded by the "o emphatic."

Examples: Holo aku la o Lono—Captain Cook sailed away.
He alii mana o Kamehameha—
Kamehameha was a powerful chief.
Make o Keoua ma Kawaihae—Keoua died at Kawaihae.

Vocabulary—Verbs

hoomana'o—to remember	kuai—to buy, to sell
hailuku—to destroy	kuia—to stumble, waver
hoomana—to worship	ku-e—to oppose
hoouna—to send	kani—to sound
hookuu—to release	pane—to reply
hūnā—to hide	mau—to be continuous
huli—to turn, seek, study	uwao—to intercede

Sentences

1. Ke mau nei keia mau mea ekolu, o ka manaoio, o ka manaolana ame ke aloha.
2. Ua malama ia ka halawai haipule iloko o ka hale pule kahiko.
3. Aia no iloko o ka Baibala Hemolele elua mau mahele—ke Kauoha Kahiko a me ke Kauoha Hou.
4. Aia no iloko o na aha haipule a pau ka himeni kupono, ke pule, ka heluhelu a me ka haiolelo.
5. He mau poe mihi lakou no ka lakou hana hewa loa.
6. Ua oi aku ka waiwai o ka pono mamua o ka waiwai o ka hewa.
7. E hele kakou i ka Ahaaina a ka Haku i keia la.
8. He oko'a ka ekalesia, he oko'a ka hale pule.
9. Hookahi Akua iloko o ka lani a ma ka honua no hoi.
10. O Iesu Kristo, ko kakou mea uwao.
11. Eono mau lunakahiko no keia ekalesia, aka, umikumamalua mau lunakahiko no kela ekalesia nunui.
12. Ke hoomana nei lakou a pau ma ka uhane haipule a me ka oiaio.
13. Ua puoho nui lakou i ka nana aku ana i kekahi mau mea hou.
14. Ua hooko ia ko ke Akua makemake ma o Iesu Kristo la.
15. Ua lilo ke kalá a me ke kula iloko o ka hale pule no ha'i.

[39]

LESSON 35

Negative Sentences

When the subject is a pronoun and sometimes when it is a proper name, it stands immediately after **aole** and before the predicate. If this latter is a verb or adjective, it generally takes the prefix **i** before it or **e** if the time is future.

Examples: Aole au e hana hou i kau hana—I shall not do your work again.
Aole au i pupule—I am not crazy.
Aole ia he mea e hilahila ai—That is not a thing of which to be ashamed.

Emphatic Adverbial Phrases

Whenever an adverb or adverbial phrase expressing time, place, cause or manner stands for emphasis at the beginning of the sentence, the subject, if it be a pronoun, precedes the verb.

Examples: Malaila kakou e noho ai—It is there that we shall live.
Pela no wau e hiki aku ai—That is the way that I shall come.
Mahea oe e hele aku ai?—Where are you going?

Vocabulary—Verbs

hemo—to unloose
hoolaha—to spread, to advertise
hoopuka—to cause to pass through, to publish
huki—to pull
kaapuni—to go around
kuhihewa—to mistake
kono—to invite

ke'ake'a—to hinder
iini—to desire greatly
maka'u—to fear
mahani—to vanish
makilo—to beg
nakii—to bind, tie on
pa'i—to strike

Sentences

1. Ke malama nei ka wahine i kona mau keiki he nui loa.
2. Ua kono mai ka haku aina ia'u e ai pu me ia i keia po.
3. Ke iho nei na holoholona mai ka mauna mai.
4. Ua huki ia ke kaula oolea e na keiki a pau.
5. Ke maka'u nei wau i na uhane inoino i ka po.
6. Ke nee nei ka manawa me ka eleu.
7. Ua kuhihewa loa keia mau poe ma keia hana.
8. Ua hemo ia kona palule no ka wela o ka la.
9. Heaha na mea e ke'ake'a nei i keia hana maikai loa?
10. He iini nui ko'u e ike aku ia lakou a pau.
11. Ua hoolaha ia keia nu hou kamahao iloko o na nupepa.
12. Ua loaa anei ia oe kekahi makana hanohano loa?
13. Ua hooko ia kona manao e na makaainana.
14. Ua hoouna mai ke alii i kona mau kauwá e kokua iaia.
15. Ke kani nei na bele ma na hale pule like ole.

LESSON 36

Nominative Absolute

The subject in this construction is always preceded by the "o emphatic" and is represented by a pronoun after the predicate. This pronoun **ia** is sometimes omitted, leaving the sentence incomplete. This construction is to be used whenever a sentence would begin with "as to" or "in respect to" in English, or when the subject is to be rendered prominent or emphatic, or when the subject is a phrase of some length.

Examples: O kona maʻi ana, o kona make no ia—Her sickness, that was (the cause of) her death.

O ka pono no ia, o ka noho naauao—That is the right (thing), the living wisely.

Apposition

Nouns in apposition follow the nouns which they limit:
1. If the leading noun is preceded by a preposition, this preposition is generally repeated before the noun in apposition.
2. If, however, the noun in apposition be a proper name, it may have either the "o emphatic" or the repeated preposition before it.

Examples: I ke kau ia Kalaniopuu, i ke alii nui—In the time of Laniopuu, the great chief.

Kena ae la oia i kona kaikaina, o Haena—He sent his younger brother, Haena.

Vocabulary—Verbs

hakokó—to wrestle	koni—to taste, to try
halii—to spread	lehai—to jump
halihali—to carry, to bear	mokomoko—to box
hala—to miss, to pass on	moni—to swallow
hina—to fall from upright position	nukunuku—to find fault
hoopakele—to deliver, to save	uhuki—to uproot
kipulu—to fertilize	uwe—to weep, to cry

Sentences

1. Ua uhuki ia ke kumulaau kamani ma kona mole nui.
2. Ke uwe nui nei na kamalii no ka make ana o ko lakou makuahine.
3. Heaha la na mea a lakou e halihali nei iloko o na eke?
4. Ua kipulu ia na kihapai a ua hookahe ia ka wai maluna o ka lepo.
5. Ke lehai nei na kao maluna o na pohaku.
6. Ua hoaʻo aku la wau e koni i ka wai manalo.
7. Ke hakoko nei na kanaka ʻelua ma ka papahele pahee.
8. "E moni i ka haae"—he mau huaolelo kahiko loa lakou.
9. Ua halii ia na moena lauhala ma ka honua.
10. Ua hala e ka manawa me ka hana ole ana i kekahi mea maikai.
11. Ke mokomoko nei na kanaka ikaika loa iloko o ka hale nui.
12. O ka mea hahai mahope o ka pono, a me ka lokomaikai, e loaa iaia ke ola, a me ka pono a me ka nani.
13. O ka mea malama i kona waha a me kona alelo, oia ka i hoopakele i kona uhane i ka popilikia.
14. O ka mea hoopuka i kona manao mamua o kona lohe ana, he lapuwale oia, a he mea nona e hilahila ai.
15. Mamua o ka hina ana ka haaheo, a mamua o ka haule ana ka naau kiekie.

LESSON 37

Attributive Adjectives

An attributive adjective follows its noun. An adjective is called an attributive adjective when the quality which it expresses is assumed or taken for granted and not predicated of the subject. It is then a mere modifier or accessory of the noun to which it belongs.

One noun may have two or more adjectives qualifying it.

Examples: Ka palapala hemolele—The Holy Scriptures.
He poe liilii, nawaliwali, naaupo makou—We are a small, weak, ignorant company.

Numerals

They generally precede their nouns and are really collective nouns like "a decade," "a myriad," etc. When they are defined by an article or adjective pronoun or noun preceded by the possessive **ko** or **ka**, then the numeral follows.

Examples: Elua kumu—Two teachers.
Na haole elua—The two foreigners.
Ewalu hale kula—Eight school houses.
He mau hale kula ewalu—The eight school houses.

Vocabulary—Ships and Boats

hale ukana—hold
hope—stern
hoeuli—rudder
heleuma—anchor
ihu—bow
kiakahi—sloop
kialua—brig
iwikaele—keel

kupakako—supercargo
manuwā—warship
mokuahi—steamer
mokumahu—steamer
moku okohola—whaler
ohua—passenger
panana—compass
unaoa—barnacle

Sentences

1. O ka manawa mokomoko ai, oia ka hoomaka ana o ka malama mua o ka makahiki.
2. Ua olelo ia ke kukuni, he mama i oi mamua o ka lio. E puni Oahu i ka la hookahi.
3. I ka wa kahiko, he kanaka mahiai, nana kekahi mala nui.
4. Mai hilahila oe i ka olelo aku, "Ua ilihune ko'u makuahine."
5. O ka naaupo o na kupuna o makou, ke kumu ia o ko lakou poino.
6. Aole o'u manao e oki ana ka ua ana i keia la.
7. E like no me ka hemahema malaila, pela no ka hemahema maanei.
8. Ua eha loa kekahi poe ma ia lealea.
9. Ua lawe ia mai kekahi mau puu wahie pokopoko.
10. Mai hee oe, Umi, i ko'u papa hee nalu.
11. Mai hana iki oe i ka mea hooino i ke ola pono o kou kino.
12. Ina makemake oe e aloha ia mai, alaila e hana aloha aku ia ha'i.
13. Ma Waimea, Kauai ke ku mua ana mai o Lono.
14. Eono no ia mau moku o Tahiti, a me na moku liilii kekahi.
15. He kolohe loa ko Tahiti, i ka wa mamua. He poe puni kaua, a ikaika loa ke kaua ana.

LESSON 38

Numerals— (Continued)

Ordinal numbers are usually followed by the preposition **o** between them and the nouns they qualify.

> Examples: I ke kolu o ka makahiki—In the third year.
> Ka mua o ka hale—The first house.
> Ka umi o ka hola—The tenth hour.

The first nine numbers take the prefix **a** or **e,** while the round numbers from ten upwards take the article **he** or a numeral before them.

> Examples: He umi—ten. He kanaka kanaha—Forty men.
> Elua haneli—two hundred.

Nui when it means many takes **he** before it, as if it were a collective noun like the higher numerals.

Adjectives Used as Nouns

Any adjective may be used as an abstract noun by prefixing the definite article. On the other hand, any noun immediately following another has the force of an adjective.

> Examples: Pono means right, just. Ka pono—justice, righteousness.
> He hana kamalii no ia—That is childish work.
> Mea aina—owner of the land. Aina is here used as an adjective, qualifying mea—person.

Vocabulary—Verbs

apono—to approve	koe—to remain
e'e—to go aboard	lanakila—to conquer
hookipa—to entertain, lodge	pakiko—to be temperate
hooemi—to diminish	piholo—to be plunged into
hoolohe—to obey	pulehu—to roast on coals
ili—to run aground	uhi—to cover
kahiko—to dress well	wali—to pulverize

Sentences

1. Aia no kanalima mau ohua maluna o ka moku kialua.
2. Owai ka inoa o ka malama moku hou?
3. Ke hoolohe nei na luina o ka moku i ka leo o ke kapena oluolu.
4. Ua haki ia ka hoeuli o ke kiakahi a ua pilikia loa lakou.
5. Ua aihue ia ka panana o ka mokuahi a ua nalowale ia.
6. Ua piha ka hale ukana i na eke ko.
7. Ke lanakila nei ka pono maluna o ka hewa.
8. Ua hookipa ia na malihini a na kamaaina o ua mokupuni la.
9. Ehia mau moku okohola i komo mai i Honolulu nei i keia makahiki?
10. Ua hooemi ia ka nui o na haumana o keia kula nui.
11. Ua piholo ia na ohua iloko o ke kai hohonu.
12. Ke hoolohe nei ka poe opio i ko lakou mau makua.
13. Ua kahiko lakou ia lakou iho me na lole nani loa.
14. Ke noho nanea nei ka hapanui o na keiki iloko o keia kulanakauhale.
15. Ke koe nei elima mau poe maluna o ka moku i ili ia ma ke ko'a.

LESSON 39

Vocabulary

Geographical Terms

akau—north
awa—harbor
awawa—valley
alihilani—horizon
ainapuniole—hemisphere
anemoku—peninsula
alia'ia—salt-bed
hema—south
hikina—east
kona—leeward
kukulu—point of compass
kaikuono—gulf
komohana—west
kahawai—stream, brook
kuahiwi—the top of a mountain
kula—open country
koolau—windward

kualapa—narrow ridge
kualono—broad ridge
kowá—channel, strait
kahakai—seashore
laeloa—cape
loko—lake, pond
moanawai—inland sea
muliwai—river
mauna—mountain
puu—hill
pali—precipice
puali—isthmus
poai waena honua—equator
welau akau—North Pole
welau hema—South Pole
waoakua—desert
wailele—water-fall

Adjectives

ae'a—erratic
aeae—comminuted, very fine
ahuwale—in plain sight
aulii—neat, nice
hiwahiwa—precious
hoka—disappointed
kuikawa—free
kupaa—firm, steadfast
kuikahi—peaceful
kaulike—just, fair
lili—jealous
kuakea—white
manaká—faint-hearted
mo'a—cooked
manomano—manifold
milimili—desirable

ohinuhinu—shiny
ohaha—plump
pohihihi—obscure
pi—stingy
pohó—sunk
punahele—favorite
pupupu—temporary
poohina—gray-headed
pakika—slippery
pulupé—very wet
pohu—calm, quiet
pehu—swollen
pahemahema—ungrammatical
punahelu—mouldy
pilihua—perplexed, sorrowful
onaona—pleasant odor

Verbs

a—to burn
ana—to measure
alaka'i—to lead
aleale—to stir up, ripple
aikena—to be fatigued
anapa—to gleam, to shine
hookolokolo—to judge
hooponopono—to regulate
kuu—to release

kuhalahala—to find fault
lawelawe—to serve
lole—to be changed
menemene—to have compassion
luana—to live idly
pepehi—to beat, to kill
ki—to shoot
ulana—to weave
wehewehe—to explain

LESSON 40

The Indefinite Article

The indefinite article **he** is used chiefly with the predicate of **a** sentence. It is never used with the object of a preposition.

When a noun used in an indefinite sense is the object of a verb, the article is commonly omitted. Especially is this the case after **lilo** and other verbs, signifying change, appoint, constitute, etc., and before **mea** in the sense of cause or means after **i** denoting purpose.

Examples: Nonoi aku la ia i laau—He asked for medicine.
Haawi o Kahekili i aahu hulu manu—Kahekili gave a cloak of bird feathers.
E lilo i koa—To become a soldier.
Hoonoho oia i kekahi keiki i mea e hooino mai ia makou—He appointed a boy to revile us.

Definite Articles

Used generally as in English, also in address, as, E ka lani, e—May it please your majesty.

Ka is also used before abstract and verbal nouns where "the" would not be used in English.

Examples: Ka maikai—goodness.
Owau ka (mea) i olelo aku ia Boki—I am the (person who) spoke to Boki.
O lakou ka (poe) i ike—They were the (persons who) knew.

Omission of the Definite Article

Before **kinohi** and **kahakai** the definite article is omitted, also before **luna, lalo,** etc., of that class of compound prepositions and adverbs.

Examples: I kinohi—In the beginning. Ma kahakai—On the seashore.
Maluna o ka hale—Upon the house.
Ma kahi a makou i hele ai—In the place where we went.
(Note—kahi is a contraction for ka wahi.)
Haawi mai ka haole ia lakou i ka hao—The foreigner gave them iron.

Vocabulary—Verbs

alo—to dodge, escape	kulou—to bow, to stoop
alunu—to be covetous	kunu—to cough
halawai—to meet	mene'o—to itch
hoohauoli—to cause joy	pelu—to fold over
hoomalu—to rule over, to make peace	pana'i—to redeem
hoomau—to preserve	pae—to go ashore
hoomalimali—to flatter	paipai—to encourage
hilina'i—to trust in, confide in	welo—to float (flag)
kohu—to agree, resemble	wae—to choose
kuapaa—to oppress	ukuhi—to pour, to fill

Sentences

1. Ke welo nei ka hae Hawaii maluna o keia mau pae moku.
2. Ke hilinai nui nei kakou i ke Akua mana loa.
3. Ua haalele aku au ia lakou me ka haawi aku i ko'u aloha.
4. E aloha aku oe i kou hoalauna e like me kou aloha ia oe iho.
5. O ke kanaka e ake ana i ka naauao, hoohauoli oia i kona makuakane.
6. He hawawá loa o Keoni i kinohi o kona hoomaka ana ma ka lawelawe ana i ka peni.
7. Ma Niihau na ipu maikai loa a me na huewai no hoi.

LESSON 41

The Predicate

When the subject is a common noun and "there" would be prefixed in English, the indefinite article **he** or a numeral precedes the noun in Hawaiian. Often the affirmative particle **no** is added.

Examples: He wai no—There is water.
He luawai ma ua wahi la—There was a well in that place.
Elua wahi e noho ai ke alii—There are two places for the king to live in.

When the predicate is indefinite (a general term) or when the subject is affirmed to belong to a class, then the predicate precedes with **he** before it.

Examples: He kaula o Mose—Moses was a prophet.
He aihue ke kanaka—The man is a thief.
He alii mana o Kiwala-o—Kiwala-o was a powerful chief.
He poe anaana lakou nei—They were sorcerers.

Vocabulary—Verbs

hoolako—to supply, prepare	kaili—to snatch, take away
hopu—to seize, arrest	kuhi—to surmise, guess
hawanawana—to whisper	makee—to desire strongly
hoopanee—to postpone	mumule—to be speechless
hoowalewale—to tempt	nema—to reproach
holoholoolelo—to gossip	une—to pry
i—to speak	unuhi—to draw out, translate
kahe—to flow	wahi—said (past tense only)

Sentences

1. Ke lohe nei au i ka poe e hawanawana ana iloko o ke keena ma-o.
2. Ua kapa ia ka mokupuni o Niihau, "Ka mokupuni kaili la."
3. Ke kahe nui nei ka wai mai ke kuahiwi mai no ka ua nui inehinei.
4. Ua hoopanee ia ka halawai, no ka mea, aohe lawa ka nui o ka poe i hiki kino mai.
5. Ke kuhi nei au he mea maikai loa ia, aka, he manao kuhihewa ia.
6. Ua hoowalewale ia ka Haku iloko o ka waonahele e ka diabolo.
7. Nui kuu makee e loaa mai kekahi kulana kiekie loa ma ke aupuni.
8. Ua hoolako ia ka moku me ka mea ai he nui wale.
9. I iho la au i ua kanaka la me ka leo ikaika.
10. Ua hopu mai ka maka'i i ka mea hana hewa.
11. He kanaka haalulu mau oia, no kona ma'i.
12. He mau po'e hewa loa, ka poe holoholoolelo wale no.
13. O ka naauao ka mea e pono ai ke aupuni.
14. Ua kakau e ke kanaka naauao loa i kekahi palapala mamua o kona hele ana i ka aina e.
15. Ua lanakila o Hawaii maluna o Maui ma ka awawa o Iao.

LESSON 42

The Predicate—(Continued)

Another kind of proposition is that which affirms the identity of two objects or collection of objects.

The subject and predicate must both be individual or single terms, that is, they must be either pronouns, proper names or common names defined by some limiting words. In all these cases, the sentence begins with the "o emphatic."

1. When the predicate is a common noun thus rendered definite, the subject generally precedes the predicate with the "o emphatic" prefixed.

   Examples: Owau no kou alii—I am your chief.
   O lakou ka po'e i koho ia—They are the persons elected.
   Oia ka'u pule i ko'u wa pilikia—That was my prayer in trouble.
   O Hawaii ka mokupuni nui—Hawaii is the largest island.
   O olua ke hele, owau ke noho—You two are to go, I am to stay.

2. The simplest affirmation of identity is in answering the question, "Who is it?" as "It is John." In Hawaiian, the "o emphatic" is always prefixed to the predicate in such sentences and **no** often follows it.

   Examples: Owau no—It is I.   O Kinau ia—She is Kinau.

3. When the predicate is a proper noun, it generally precedes the subject, with the "o emphatic" before it.

   Examples: O Liloa oe—Thou art Liloa.
   O Kamanao kona inoa—Kamanao is his name.
   O Kapule ka inoa o keia kanaka—This man's name is Kapule.

Vocabulary—Adjectives

akahele—considerate	makahilahila—modest
aiá—godless	nakuluai—perfect, right
eu—meddlesome, roguish	ni'ani'a—meddlesome
heumiki—comely	niolopua—handsome
hilu—dignified	onaha—bow-legged
mikimiki—energetic, prompt	palaualelo—lazy
mahope loa—late	malumalu—shady
mahope ae—later	uuku loa—least
linohau—of great worth	uuku iho—less

Sentences

1. Ke kuapaa nei ka poe puniwaiwai i ka poe nakuluai a hilu no hoi.
2. Ua koho ia kekahi mau poe palaka a pilihua no hoi no ke kulana kiekie iloko o ke aupuni o Hawaii nei.
3. Ua hoomau ia ka pono mamuli o ka hana ahonui a ka poe oluolu.
4. He kupaianaha a kamahao no hoi na mea a'u i ike maka ai.
5. Heaha la ke kumu o kou ano puiwa a maka'u no hoi?
6. Ua malama ia ka halawai eehia a ihiihi e ke kahunapule.
7. He mau poe hoihoi a hauoli no hoi i ka lohe ana i ka nu hou maikai.
8. O lakou he mau poe hia-a a makaala i na manawa a pau loa.
9. "Aole e hiki ke alo ae" wahi a ke alii kaulana.
10. E hoomalu ia, wahi a Kauikeaouli, ka Mo-i Lokomaikai.
11. No ke aha la e nema mai nei oukou ia'u?
12. Nui wale ka poe hoomalimali iloko o keia kauhale.
13. E lilo ia he alanui maikai, ke hana ia.
14. Ua hiki mai ka manawa e hoomaka ai i keia hana.
15. No ke ahi iloko o na mauna o Hawaii, i haalulu pinepine ka aina.

LESSON 43

The Predicate—(Continued)

Sometimes the predicate is an adverb or adverbial phrase which specifies the mode or place of existence. In such propositions the subject

1. is in most cases a definite or singular term and follows the adverbial expression. When on the other hand

2. the subject is indefinite, the expletive "there" is prefixed in English and in Hawaiian the subject generally precedes the adverbial expression.

> Examples: Pela ma Kahuku—So it is at Kahuku.
> Eia ka mea maikai—Here is the good thing.
> He wahinekanemake ma kekahi kulanakauhale—There was a widow in a certain city.
> He aihue iloko o ka hale—There is a thief in the house.

Vocabulary—Verbs

akahele—to go carefully	kinai—to quench, to put out
ahewa—to condemn	kukala—to proclaim
hamau—to be silent	hikáká—to reel, stagger
hoau—to float	lulu—to shake, scatter
haiolelo—to make a speech	moani—to be fragrant
hoala—to raise, arouse	mokuahana—to be divided
hoomalielie—to appease	ohumu—to murmur, complain
hoomainoino—to slander	palu—to lick
kia'i—to watch over	pupuahulu—to be flustered

Sentences

1. E kii oe i mau maia o'o na'u iloko o kela mala.
2. Ua kukulu ia ka hale pohaku nunui e ke alii hanohano.
3. Ke haiolelo nei ke kahunapule iloko o keia hale pule i kela la i keia la.
4. Ua hele mai nei oia e ki i mau manu kolohala.
5. E kia'i oukou a e makaala no hoi, no ka mea, ua hiki mai ko oukou mau enemi i keia aina.
6. Ua pii ae la ke kanaka kaumaha i ke kumulaau a ua hina ilalo.
7. Ke makemake nei ka mahiai e lulu i ka hua ma ke kihapai.
8. E kinai oe i ke ahi nui, a i ole e pau ia kou hale a me ka waiwai a pau iloko o ua hale la.
9. Ke makilo nei ka poe ilihune i mau dala no ke kuai mai ana i mea ai no lakou a me ko lakou mau ohana.
10. Ua inu oia i ka laau, nolaila, ke hikaka nei oia ma ke alanui ololi.
11. Ke auhee nei ka poe o Maui mamuli o ka poino nui.
12. No ke aha la oe e make ai, e kuu makamaka makamae?
13. Me ke ana o oukou e ana aku ai, pela no hoi e ana ia mai ai no oukou.
14. O ke kanaka huhu, oia ke hoala ae i ka hakaka; o ka mea akahele i ka huhu, hoomalielie oia i ka hakaka.
15. Ke heluhelu nei ke kanaka kuoko'a i ka moolelo o kona aina.

LESSON 44

The Predicate Adjective

When the predicate is an adjective, it is known to be a predicate and not an attributive by its position before the noun.

1. It often takes **he** before it, in which case it seems to be construed as a noun, or **mea** may be supplied before the **he.**

2. In many cases it takes **ua** before it, in which case it seems to be construed as a verb.

3. Sometimes again it stands abruptly at the beginning of the sentence without any prefix.

> Examples: He poepoe ka honua—The earth is round.
> He mea poepoe ka honua—The earth is a round thing.
> Ua nui na moku i ili—Many were the ships stranded.
> He nui na kanaka i make—Many were the people who died.
> Nani ka naaupo!—What folly!
> Ua huhu ia—He is angry.

Vocabulary—Adjectives

hoomaloka—unbelieving	meumeu—blunt
hopuhopualulu—confused	maalea—crafty
kanalua—wavering, fickle	ohule—bald-headed
koa—brave	oole'a—tough, hard
kohu pono—agreeable	pu'ipu'i—plump, fat
lokoino—unmerciful	pawaa—wild
maikai ae—better	ulukú—agitated
manoanoa—thick	weliweli—fearful

Sentences

1. He palupalu keia ano kumulaau, aka, he oole'a kela ano.
2. Ke noho nei oia ma kekahi wahi pawaa a mehameha no hoi.
3. O lakou kekahi mau kamalii pu'ipu'i a akahai no hoi.
4. O ka poe o keia mokupuni, he mau poe ulukú a kanalua hoi.
5. Ua ike au i kela elemakule ohule íloko o kona hale pili iho.
6. He mau poe hoomaloka, hopuhopualulu a lokoino loa lakou.
7. Ua maikai ae keia papa manoanoa mamua o kela papa lahilahi.
8. Mai hea mai keia kanaka maalea?
9. Weliweli loa ke kaua i kaua ia ai ma Asia i keia mau la.
10. He alii koa a kohu pono loa oia.
11. Aole kekahi e kaili aku i ko oukou olioli mai o oukou aku.
12. E hana koke oe i kau mea e hana aku ai.
13. Ua loaa ia'u kekahi moeuhane ano-e ma ka po nei.
14. Ua noho nanea makou ma ke kuaaina maikai loa.
15. Ua hookuu ia ka powá, nolaila nui ka ohumu o na makaainana.

LESSON 45

Verbal Nouns

Any verb may be used as a noun by prefixing to it the article or other definitive.

Examples: Kaumaha oia i ka lawe ukana—He was tired of carrying baggage.

Me ka noi ole mamua—Without asking beforehand.

Loaa ia Noa ke alohaia mai imua o Iehova—Noah found grace before Jehovah.

More frequently the verb, when used as a noun, takes after it the particle **ana** which denotes continuance. It is like "ing" in English, but is used more extensively. In this case **ana** precedes the directives instead of following them as it does with the verb or particle.

Examples: E holo mai ana ia—He is sailing hither.

Kona holo ana mai—His sailing thither.

Pela ko ka maka'i hai ana mai ia'u—Thus was the constable's telling me; i.e., so the constable told me.

Vocabulary—Verbs

alai—to hinder	kanaenae—to pray to the gods
hoomaalili—to cool	kuamuamu—to blaspheme
hoololi—to change	makahehi—to admire, to desire
hoolana—to float, cheer up	naukiuki—to be vexed
hoiliili—to collect	paonioni—to struggle
hoolu'e—to loosen	puhi—to blow
hooheno—to tease	ume—to draw, to pull
hoka'e—to rub out	wawahi—to break
aki—to bite	wili—to twist, to turn

Sentences

1. Mai poina oe i na la o kou wa opiopio.
2. Ua wehewehe mai la oia i na manao pohihihi loa.
3. Ua kapa ia ka poe o Hawaii, ka poe palu la-i.
4. Ke ulana nei ka wahine akamai i kekahi mau moena lauhala.
5. No ke aha la e wawahi ai lakou i ua hale kahiko nei?
6. Iluna ka ua, waele i ka pulu.
7. Ke a nei ke ahi nui iloko o ka ululaau.
8. Pane mai la ke keiki mahaoi i kona makuahine.
9. Ua ahewa ia ka poe lawehala e ka lunakanawai kaulike.
10. Ua pepehi ia na kanaka nawaliwali a make lakou.
11. Ke alakai nei ke keiki oluolu i kona lio ma ke alanui.
12. Ke puhi nei oia i ka paka iloko o kona keena iho.
13. Ke ume mai nei ka mea haiolelo i ka manao o ka lehulehu.
14. Ke aki nei ka ilio i ka wawae o kona haku.
15. Ua wili ia ke kaula liilii e ke kanaka akamai loa.

LESSON 46

The Verb as an Adjective

Any verb may be used as an adjective, e.g., **aloha** as a verb means to love and as an adjective means loving or affectionate.

When the idea of time is superadded, the verbal adjective may be called a participle. The two forms generally used as participles are:

1. The form with **i** prefixed, which is called the past participle, or
2. The form with **e** prefixed and **ana** or sometimes **nei** or **la** affixed, which is called present or imperfect participle.

The form with **ua** prefixed and that with **ke** prefixed and **nei** or **la** affixed are occasionally used as participles. Like other adjectives, they always follow their nouns and very often supply the place of a relative clause.

> Examples: O kekahi kanaka e noho ana ma Kualoa—A certain man living at Kualoa.
> Ma ka aina i haawi ia nona—On the land given to him.
> Ka poe i haule—The persons fallen, or who fell.

The nouns **mea** and **poe** are very often omitted after the definite article before the past participle. The words **ka i** have often been mistaken for a relative pronoun.

> Examples: Owau ka (mea) i olelo aku ia Lono—I am the (person) who spoke to Captain Cook.
> Oia ka i hoike mai iaia—He is the (person) who declared him.

Some sentences have **ke** instead of **ka i**. **Ke** is used in the present or future sense, while **ka i** is used in the past tense.

> Example: O ka mea malama i ka oiaio, oia ke hele mai i ka malamalama—He who keeps the truth, he it is that comes to the light.

Vocabulary—Adjectives

ala—scented	mu'emu'e—bitter	pihoihoi—astonished
akaka—plain, clear	mumuku—separated, cut off	laa—sacred
hewa loa—very wrong	makoná—implacable	makolu—thick, chubby
moakaka—clear, plain	nele—lacking	opukopekope—malevolent
makapó—blind	panoa—dry, parched	waiwai—rich
	oioi—sharp	

Sentences

1. Ke manao nei au he mea maikai loa keia hale nunui.
2. Ua oi aku ka pomaikai o ka pono mamua o na mea hewa.
3. He aina panoa loa ka mokupuni o Kahoolawe.
4. Ina he makapo e alakai i ka makapo, e haule pu laua iloko o ka lua.
5. Mai launa pu oe me ka poe makona, kolohe a opukopekope.
6. He laa na mea a ke Akua i hana ai no kona nani.
7. Ua moakaka ke ala imua o ka poe waiwai.
8. Eia kekahi pahi oioi loa.
9. He kanaka pihoihoi loa, nolaila ua mumule oia.
10. Nui loa ka poe nele iloko o ka aina o Kina i keia manawa.
11. He mu'emu'e keia mau mea i kanu ia iloko o keia mala.
12. Ua aikena loa oia mamuli o kana hana kaumaha ma keia kihapai.
13. Halawai iho la oia me ka ulia nui ma Poalima nei.
14. E hoouna mai oe ia'u i kekahi mau koa makaala a eleu no hoi.

LESSON 47

The Infinitive

The infinitive may be the subject of a clause, especially when the predicate is the verb **hiki** in the sense of "can," **pono** or some other adjective, or a noun or pronoun preceded by the preposition **na**. After **hiki** and often after **pono**, it takes the form **ke** instead of **e**.

Examples: He pono i na kamalii a pau e makaala.—It is right for all children to beware.

Aole pono ke haawi i ka hana ia ha'i —It is not right to give the work to another.

Na Paikule e kukulu i hale halawai—It is for Paikule (Paikule's duty) to build a meeting-house.

Ua hiki i keia kamalii ke heluhelu—This child can read. Literally, It has come to this child to read.

The infinitive is often the object of the verb, especially of such as denote some action or state of mind and those of asking, commanding or teaching.

Examples: Paipai na kumu ia lakou e kupaa—The teachers urged them to stand fast.

Makemake no wau e hele—I wished to go.

Vocabulary—Verbs

aho—it is better
akoakoa—to assemble
ale—to swallow
hookeai—to fast
hoolaa—to consecrate
hoolaka—to make tame
hooikaika—to strengthen

o—to pierce, thrust
omo—to suck
paulele—to trust
puunaue—to divide
puni—to deceive, be surrounded
ui—to question
wahi—to cover, envelop

Sentences

1. Ua hooikaika ia ka poe a pau e kupaa i ka wa popilikia nui.
2. He aho no ia e noonoo i na mea a pau me ke akahele.
3. Ua hoolaka ia na holoholona ahiu e ka haku akamai loa.
4. Ua akoakoa mai la ka poe he nui wale a ua hoolaa lakou ia lakou iho no ka hana o ke Akua.
5. Mai ale hikiwawe loa i na mea a oukou e ai nei.
6. Ua wahi ia na alani momona i na lau maia.
7. Ke ui aku nei au i na keiki e pili ana i na kumuhana o ke kula.
8. Ke paulele nei kakou i ke Akua mana loa i na wa a pau.
9. E puunaue kakou i ka waiwai paa o ke kanaka i make aku la.
10. E huli ana wau i kekahi mau poe naauao a akamai loa.
11. E hookeai kakou no ekolu mau la e hiki mai ana.
12. Ua o oia i ka uala wela loa.
13. Ke omo nei ke keiki i ka waiu mailoko mai o ka omole.
14. Ua puni ka aina e ke kai kupikipiki-o.
15. Ke ike nei au i na hokú ma ka lani kela po keia po.

LESSON 48

The Object

The object of the verb is preceded by the prepositions **i** or **ia** which is an objective sign. Some verbs govern two objects, one direct and one indirect.

> Examples: E haawi mai oe i ke kala ia'u—Give thou the money to me.
> E a'o aku ia lakou i ka heluhelu—Teach them to read.

The objective sign is always omitted before **ia** (that) and sometimes before nouns, especially after **mai** or **ai** or a verb ending in **i**.

> Examples: E holo e ike ia moku haole—Go and see that foreign ship.
> E lawe mai oia ia mau pipi—He will bring those cattle.

Participles and participial nouns take the same construction after them as verbs.

> Examples: I ko'u ike ana i ka lakou hana—On my seeing their work.
> Ka haawi ana mai i ke kanawai—The giving of the law.

Vocabulary—Adjectives

aua—contracted	mahakea—wild, fallow
auwaha—concave	makalii—very fine, small
hauna—corrupt	malauea—lazy
hooioi—conceited	nonohe—beautiful
hookanahua—stalking proudly	oiaio—sincere
hualala—convex	papalale—awkward
kulanalana—giddy	paewaewa—uneven, evil
lokomaikai—benevolent	pepe—contrite, bruised
lahaia—common	pelapela—filthy
maule—faint, weak	ukiuki—furious

Sentences

1. "Kilakila o Haleakala," ka mauna kiekie loa o Maui.
2. He wahi ikiiki loa ke kauhale o Kawaihae i ke kau wela.
3. Owai kona inoa kapakapa? O Ka Na'i Aupuni.
4. He alanui laumania keia alanui hou, aka, he alanui malualua a apuupuu ia i ke au kahiko.
5. He makamae loa keia momi i loaa mai ia'u ma Tahiti.
6. He mau kanaka holomua a hoopono no hoi ka poe Maori.
7. Ua kapa ia ka poe o Maui i ke au kahiko, "ka poe poo hakahaka."
8. Ekaeka loa keia pahuwai i ka wai pilopilo.
9. He laka keia pipi opiopio iloko o ka pa.
10. He ai mikomiko keia ai maikai i waiho ia imua o kakou.
11. Owai ka inoa o keia mea hanohano?
12. Makaukau anei oe no keia hana ko'iko'i?
13. I hele mai nei oia e ike ia kanaka kaulana loa.
14. Holo wale lakou a loaa kahi aina.
15. He kaumaha ko'u no ka make ana o kuu hoaaloha.

LESSON 49

Predicate Nouns

A proper name in the predicate after **kapa**—to call, to name—always takes the "o emphatic" before it. A common noun in the same situation is generally preceded by **he** even when it would have the definite article before it in English.

> Examples: Ua kapa ia kona inoa o Puhi—His name was called Puhi.
> Kapa aku la oia i kona inoa o Aukai—He called his name Aukai.
> Aole au e kapa aku ia oukou he poe kauwa—I will not call you servants.

After verbs signifying "to become, change, appoint, or constitute," the predicate noun commonly takes the preposition **i** meaning "into" before it and drops the article. This is especially frequent in the phrase **i mea.**

> Examples: E lilo ia i alanui maikai, ke hana ia—It will become a good road, if it be worked.
> E hoolilo au ia oe i kaula—I will make you a prophet.
> Ua koho au i Kahale i lunakanawai—I have chosen Kahale as judge.

Vocabulary—Verbs

a'a—to dare, venture	kalai—to hew, carve
eli—to dig	kuawili—to repeat
emi—to recede	lua'i—to vomit
hapai—to carry	pa—to blow (wind)
hanu—to breathe	piele—to trade, traffic
ho-a—to kindle	poni—to anoint, consecrate
hoopalau—to be betrothed	uumi—to choke, restrain

Sentences

1. Ke emi iho nei ke kai i keia manawa.
2. E kuawili oe i keia pule a ke kahunapule.
3. Ke eli nei ke kanaka ikaika i kekahi lua ma kona wahi iho.
4. He kanaka a'a ana e hana aku i kekahi hana poino loa.
5. Ke ake nei au e hapai i keia mea kaumaha.
6. Ua poni ia ke alii, alaila ua ho-a oia i ke ahi hemolele.
7. Ke hanu nei ka wahine me ka pilikia nui.
8. Ua lua'i oia, no ka mea, he holo kupikipiki-o ia.
9. Ke uwao nei ke alii mawaena o na aoao elua.
10. Ua uumi ia kona huhu i ka wa i hiki mai ai ka mo-i.
11. Ke kalai nei ke kanaka o Honaunau i kekahi waa nona iho.
12. Aole no na kanaka oukou e hooponopono ai.
13. Ma kahakai, aole nui wale o ka ai, no ka maloo a no ka aa.
14. Kau iho la oia i kona lio a holo aku la oia i Pahala.
15. Ia ia e noho ana ma Kauai, ua loaa mai na dala he nui wale.

LESSON 50

Adverbs

Simple adverbs are placed immediately after the verb or other words which they qualify. They always come between the verb itself and **ana,** or the passive sign **ia.** Any adjective may thus be used as an adverb.

The compound adverbs generally stand at the beginning or end of the clause. They are really nouns preceded by a preposition, with the article omitted.

Examples: E uku maikai ia ka mea nana ka waiwai—He shall be well rewarded who owns the property.
E kukulu hale ana ia—He is house-building.
Ua oo ke kulina i kanu lalani ia—The corn planted in rows is ripe.
Mamua holo aku kekahi poe malaila—Formerly certain persons sailed there.
Aole ia i hele aku iwaho—He did not go out.

Vocabulary—Adjectives

akahai—modest, gentle	mimino—wrinkled
hehena—raving mad	nawaliwali—infirm, sick
haipule—religious	nemonemo—smooth
kohana—naked	oopa—lame
la'ela'e—bright, clear	onipaa—steadfast
maka—raw, fresh	palekana—safe
maluhia—peaceful	palanehe—gentle
malino—calm	ukelekele—muddy

Sentences

1. Palanehe ka makani e pa nei ma keia aina oluolu.
2. Heaha la ka wahi kupono no ka poe hehena loa?
3. He mau poe maluhia a akahai loa ka poe o Niihau.
4. Ukelekele loa na alanui o Hamakua i ka wa kahiko.
5. Haalele oia i Kona ka aina i kapa ia "Ke Kai Malino."
6. "Aole au he mea pupule," wahi a ke kanaka kohana.
7. Heaha la ke kumu o kou ano hilahila?
8. Onipaa a haipule no hoi ka poe o keia mokupuni.
9. Ua ike au i kekahi mau poe nawaliwali iloko o ka haukapila.
10. He kanaka oopa oia no ka haule mau ana i ka lepo.
11. He wahi palekana loa ka aina o Rarotonga.
12. La'ela'e loa na kukui o keia kulanakauhale nunui.
13. Mimino na lau maile a'u i ike ai iloko o kona keena.
14. Ma ka hana a pau, he waiwai no; aka, o ke kamailio wale o na lehelehe, pili i ka ilihune wale no.
15. Ua pii makou i ka mauna kiekie a ua ike makou i ka aina nani.

LESSON 51

Prepositions

Prepositions precede the nouns to which they relate. When two nouns are connected by **a me**, "and," a preposition which relates to both nouns is expressed only before the first. The preposition is sometimes repeated, however, after the conjunction **a.**

Examples: Me ka mo-i, me ka mea kiekie—With the chief, the exalted personage.

E kuai i ka waina a me ka waiu—Buy wine and milk.

Kau ae la maua maluna o na lio—We two mounted on the horses.

Pii ae la oia iluna, i ka laau—He climbed up into the tree.

Ellipsis

After a noun preceded by **ka** or **ko,** the limited noun is often omitted. Thus **ko** before the name of a country denotes the inhabitants of that country in which case **poʻe** is understood.

Examples: Ko ke ao nei—The (people) of this world.

Ko Hawaii nei—The (people) of Hawaii.

Ka Iseraela (mau keiki)—The children of Israel.

Vocabulary—Verbs

apo—to receive	ma-u—to be wet, damp
hehi—to tread	makaʻikaʻi—to go sight-seeing
heihei—to race	nau—to chew
kana—to be limited	namu—to talk unintelligibly
kukā—to consult	nahu—to bite
kukini—to run a foot race	pahele—to ensnare
kuhikuhi—to point out	pio—to be extinguished
kuni—to kindle	pakela—to exceed
maalo—to pass by	uku—to pay

Sentences

1. E kala mai oe iaʻu no keia mea hawawa.
2. Kuhikuhi mai la ke kanaka alakai i ke ala e hele aku ai.
3. Ua kuni ia ke ahi ma ke one kahakai.
4. Ua ma-u nui ia ka mauu no ka nui o ka ua mai ke kuahiwi mai.
5. Ke lawelawe nei ke kauwá no kona haku.
6. Makaʻikaʻi iho la ka poe malihini i ka mokupuni o Bolabola.
7. Ke nau nei ke keiki i na lau o keia laau.
8. Ua nahu ia ke keiki e ka nahesa inoino loa.
9. Kukini ka poe mama loa o Oahu mai Waialua a hiki aku i Honolulu.
10. Ua kukā iho la makou i keia kumuhana me ke akahele.
11. He aina momona loa o Oahu i mahi pono ia a i hookahe ia ka wai.
12. E hele aku ana au, e malama oe i ka hale, e makaala, i aihue ole kekahi i na mea, a e noho a hoi mai au.
13. Eia ka mea e make ai na kanaka.
14. E like me ka loihi mai ka hikina a i ke komohana.
15. O na manao o ka poe pono, aia no ma ka pololei; o ke kuka ana o ka poe hewa, aia ma ka hoopunipuni.

LESSON 52

Possessive Construction

This is used extensively in Hawaiian and supplies the want of a relative pronoun. The thing possessed is very often a verbal noun or infinitive.

Examples: Aole o'u ike i ka lawaia—I do not know how to fish. (It may also mean—I do not know the fisherman.)
He huhu kona—He is angry; literally, An anger is his.
Aole a'u lohe i kona ano—I have not heard about his character.

"To have" is expressed by the prepositions **a** or **o**, **ka** or **ko** before the name of the possessor in the predicate. "I have a book" would be expressed thus: A book is mine.

1. In affirmative sentences it is expressed by the prepositions **ka** or **ko** before the name of the possessor, following the thing possessed.

Examples: He manao ko'u—I have a thought.
He palapala kau—You have a book.
He kunu anei kou?—Have you a cold?
He aina kona—He has a land.

2. In negative sentences it is expressed by the prepositions **a** or **o** and the word denoting the possessor when a pronoun precedes the thing possessed.

Examples: Aole ana puke—He has no book; lit., Not of him a book.
Aole a'u palapala—I have no writing; lit., Not of me a writing.
Aole anei ou wahi berena?—Have you not a little bread?

Vocabulary—Adjectives

aai—spreading
alohilohi—shining, clear
akeukeu—active, ready
hemolele—holy
kuo'o—fearless
kaha—fat
laula—wide, broad
lohiau—backward
oleole—indistinct
paupauaho—breathless

Sentences

1. He mau poe lohiau ka poe e noho nei ma ke kuaaina.
2. He aina laula ka aina o Maunaloa ma Molokai.
3. Ua lohe ae la wau i kekahi leo oleole ma ka po nei.
4. Ke ike nei kakou i ka wai alohilohi o ke kahawai ma-o.
5. E kuoo a e makaala, no ka mea, e like me ka liona uwo, pela no e holoholo nei ko oukou enemi.
6. Ua lohe anei oe i ka mele hou e pili ana i ka papalina lahilahi?
7. He mau poe akeukeu a makaala na koa o ke alii inoino.
8. Ua heluhelu au i kekahi mau apana o ka Baibala Hemolele.
9. He kanaka paupauaho oia mamuli o kana holo nui ana mai ke kai mai.
10. He ma'i aai ia e laha ana mai Hawaii a Niihau.
11. He alanui oole'a no ke ala i hehi ia e ko oukou nupepa i keia makahiki. Ua kue nui ia oia e kekahi poe he lehulehu, aole nae i pio kekahi kukuna hookahi o kona lamalama.
12. Ku mai la na makua o kekahi mau keiki ma ka puka makani o ko makou hale kula, a ninau mai, "Heaha ka uku o ua kumu nei?" I aku au, "I mai nei he hapaha ka uku no ka hebedoma hookahi."

LESSON 53

The Use of Na

The preposition **na** is often placed before the noun denoting the agent, when an active verb or clause is the subject, to express duty or agency emphatically.

Example: Nana no e hoakaka—It is for him to explain.

It is often placed at the beginning of the sentence for emphasis.

Example: Nana i hana ka lani—It was his to have made the heavens.

When the object of the following clause is a pronoun, it generally precedes the verb, without the objective sign **i**.

Examples: Na ke aupuni oukou e uku mai—It is for the government to reward you; lit., You are for the government to reward.

Na'u no ia e hoouna mai—I will send him; lit., He is for me to send.

O ke Akua nana makou e kiai nei—God who watches over us; lit., Who we are to watch over.

Vocabulary—Verbs

ako—to cut, thatch	hoohihi—to entangle
alawa—to look at both sides	hoolaule'a—to be reconciled
amana—to authorize	haawe—to carry on back
awiwi—to hasten	hoopilimeaai—to be a retainer
alu—to relax, hang down	honi—to touch, kiss
hahau—to scourge	opi—to fold up
hakalia—to be dilatory	oni—to move
hoopii—to appear, to accuse	uoki—to stop
hoolei—to reject, cast away	uhai—to follow, chase

Sentences

1. Ke noi aku nei makou no Kristo, i hoolaule'a ia mai oukou i ke Akua.
2. Ke ako nei oia i kona hale pili iho me ka awiwi.
3. Alawa ae la kona mau maka iluna a ilalo.
4. Ua amana ia ka puuku e uku aku i kekahi mau dala mailoko ae o ka waihonadala no keia hoolilo.
5. Ke uhai nei lakou i na holoholona ahiu iloko o ka uluwehi.
6. Ke opi nei ka wahine naauao i kona mau moena lauhala.
7. Ke oni nei ke keiki i kona kino me ka pilikia nui.
8. He mea pono anei ke hahau oukou i ka Roma?
9. "Uoki i kela walaau nui," wahi a ke alii kiekie.
10. Ke haawe nei ka elemakule i kekahi mea kaumaha ma kona kua.
11. Ua hoolei ia ka opala mawaho ae o ka puka aniani.
12. Ke alu nei oia i ke komo ana iloko o ka ana ololi.
13. He wahi aina oluolu o Kahuku; he aina kalo, a me ka uala maoli, a me ka uala kahiki, he kanu ia, aka, eia ka hemahema o ia aina, aole kanaka noonoo a me ke akamai, a me ka ikaika; hookahi a elua paha kanaka noonoo iki, a o ka nui o na kanaka o ia wahi, ua nele maoli lakou no ka naaupo a me ka palaualelo.
14. Aka, o na keiki, aole i kana mai ko lakou walaau ke apo nui mai na i'a.
15. O ka mea i mahi i kona aina, e maona no ia i ka ai, aka, o ka hoopilimeaai me ka palaualelo, he lapuwale ia.

LESSON 54

Interrogative Sentences

1. **Direct.** "Yes" or "no" is required for an answer. **Anei** is used after the leading word. Affirmative questions which expect the answer "yes" begin with **aole anei.**

   Examples: He moku anei keia?—Is this a ship?
   Aole anei ke Akua kou?—Have you not a God?
   Ua holo anei ia?—Has he sailed?
   Ua puhi anei oia i ka pu?—Has he blown the conch shell?

2. **Indirect**, requiring a sentence for their answer and which are asked by interrogative words.

   (a) Interrogative pronouns—**wai, aha.**
   (b) Interrogative adjectives—**hea, ehia.**
   (c) Interrogative adverbs—**ahea, pehea, auhea.**

   Examples: Owai ka mea aina maanei?—Who is the owner of (the) land here?
   Ua lilo ka puke ia wai?—The book has passed to whom?
   Ua hopu ia ka aihue e wai?—By whom has the thief been taken?
   Ehia ou mau makahiki?—How old are you?

Interrogative pronouns are seldom the subject of a verb. The answer to a question must always closely correspond to it in construction.

   Examples: Nawai oe i hana? Na ke Akua—Who made you? God.
   No ke aha oe i hana 'i pela?—Why (lit., for what) are you doing so?
   Owai ka inoa o keia aina? O Hakipuu—What is the name of this land? Hakipuu.

Vocabulary—Adjectives

apiki—roguish
holuholu—elastic
ikaika—strong
kapulu—slovenly

kuonoono—well-furnished, thriving
kuoko‘a—independent

o‘o—ripe, mature
ohuohu—attractive
pilikino—personal
winiwini—sharp, pointed·

Sentences

1. Ua hookau iho oia i kekahi mau lei ohuohu ma kona poohiwi.
2. He mau poe kuokoa a kuonoono no hoi ka poe o Molokai i keia wa.
3. Eia kekahi mea pilikino a‘u e noonoo ai.
4. He kanaka apiki a kapulu no hoi.
5. Ua kapa ia o Kahului—"Ke Kai Holuholu."
6. He mea poepoe ka honua.
7. Lokahi ka manao o ka poe haipule ma keia kumuhana nui.
8. Ua o‘o ke kulina i kanu lalani ia.
9. Ua ikaika loa ka manao a ka poe o Maui no ia mea.
10. Aia no ko Hawaii nei maluna o na wai lana malie ia mau la.
11. Aia no ko Hawaii nei maluna o na wai lana malie ia mau la.
12. No ke aha la, aole hanai hipa na 'lii a me na kanaka Hawaii? Ua nui ka aina kupono i ka hipa, aole nae, hanai nui i ka hipa, o na haole wale no.
13. Eia kekahi mea e pono ai ka hipa, o ke ako i kela makahiki i keia makahiki i maikai ka hulu.
14. Ma Kalihi, ua ino loa ka aina, aole kupu iki o ke ko, a me ka maia, a me ka ipu, a me ka uala, a me ka waina a me ke kope a me na mea e ae he nui wale.

LESSON 55

Complex and Compound Sentences

A compound sentence consists of two or more independent propositions connected by conjunctions.

A complex sentence consists of a principal and one or more subordinate clauses. Hawaiian sentences are generally compound rather than complex and their clauses are apt to be coordinated rather than subordinated.

What would form a long sentence in English would be generally broken up in Hawaiian into several independent propositions, but loosely connected with each other.

Dependent Clause

This is often abridged and expressed by a substantive or by a participial noun, or again it is subjoined without any connective as an independent proposition.

Examples: Ua maopopo, he poepoe no ka honua—It is evident, the earth is round.

Ua akaka ka poepoe ana o ka honua—The roundness of the earth is evident.

Vocabulary—Verbs

aahu—to dress
haapuka—to gather wrongfully
hoiliili—to gather
hoolana—to float
hoolimalima—to hire, lease
hoolauna—to introduce
hookama—to adopt (child)

hoomahuahua—to make more
hoomaikai—to bless, thank
hookumu—to establish
hoowahawahá—to ridicule
kaula'i—to hang out
napoo—to set (sun)
kiola—to lay down, throw away

Sentences

1. Ke hoomaikai aku nei makou i ke Akua mana loa.
2. Ua hoomahuahua nui ia ka poe o Oahu i kela makahiki aku nei.
3. Ke pakike nei ke keiki kolohe i kona mau makua.
4. Pae mai la o Lono ma Waimea a launa pu me ka poe Hawaii.
5. Ua hookumu ia ke ola o ka lahui ma na kanawai o ke Akua.
6. Ua puehu ia ka lepo ulaula o Kahoolawe e ka makani ikaika.
7. Ua hoolimalima ia ka hale hou e kekahi kanaka waiwai loa.
8. Ke hoololi nei ka wahine i kona mau manao no ia mea.
9. Ua pakele ia ka mea paahao mai keia mokupuni aku.
10. Ke hoomana nei lakou i ke Akua ma ka uhane a me ka oiaio.
11. Ke hoolana nei ka moku ma ka wai malie.
12. Ke pehi nei ke keiki i kekahi mau iliili.
13. Ke hoolauna aku nei au ia oe me keia keonimana malihini.
14. Ke po'i nei na nalu i keia la kupikipiki-o.
15. Ua hookama ia keia keiki e keia mau poe maikai loa.

LESSON 56

Relative or Adjective Clauses

A relative pronoun incorporates its clause into the sentence as a subordinate part and as an adjective element, qualifying some noun or pronoun in it. This noun or pronoun to which it refers is called the antecedent.

Such clauses are expressed in Hawaiian either in an abridged form by means of adjectives or participles or by the possessive construction.

When the antecedent of the relative is a pronoun of the third person, as in the phrase "he who," "those who," etc., it is expressed by the nouns **ka mea** for the singular and **ka poe** for the plural.

Case 1. When the relative is the subject of its clause.

1. When the clause contains the copula "to be," the relative is wanting and the clause is expressed by an adjective simply, or by a noun in apposition.

   Example: O ka mea hoano, ka mea oiaio—He that is holy, he that is true.

2. When the relative is the subject of a verb, the clause is often expressed by a participle. This is the regular construction when the verb is intransitive or passive.

   Examples: Ka mea i haawi ia—The things give.
   Ka poe i haule—The people who fell.
   He nui na mea e ae i hana ia—Many were the other things which were done.

3. The relative is expressed by **nana** when the following verb is active and transitive and when the agent is a person. The tense signs are: **i** in past time and **e** in present or future time.

   Examples: Ka mea nana au i hoouna mai—He who sent me.
   O ke Akua nana e ike i na mea a pau—God who sees all things.
   Aole o'u mea nana e olelo mai ia mea—I had no one to tell me that thing.

Vocabulary—Adjectives

aiai—bright, clear
hupó—savage, ignorant
kakaikahi—few
kumumú—blunt
kupikipiki-ó—raging (sea)

loea—wise (women)
maiau—wise (men)
lilelile—bright, clear
mamao—distant

mehameha—lonely
miki—energetic
pilopilo—impure (water)
puukani—sweet-voiced
noeau—skillful

Sentences

1. Ua ike au i kekahi hale mamao loa aku.
2. He kumumú loa keia koilipi.
3. He kakaikahi mau poe e noho ana ma keia aina neoneo.
4. Ua ike anei oe i keia kanaka maiau a noeau no hoi?
5. Ke mele nei keia mau poe puukani.
6. He mau poe hupó na kamaaina o ka aina poeleele.
7. He lilelile a aiai no hoi keia mau la.
8. He wahine loea loa keia wahine oluolu no.
9. Aia no ka wai pilopilo iloko o ka pahu.
10. Kau ae la oia i ka waa a holo iloko o ke kai kupikipiki-ó.
11. Ua kukulu ia keia hale pohaku e ke kahuna lapaau.
12. Ua noho nanea lakou ma ke kuaaina mehameha.
13. Ua hoi mai oia mai ka aina mamao aku.

LESSON 57

Relative or Adjective Clauses—(Continued)

Case 2. When the relative is the object of its clause.

What would be the subject of the clause in English is put into the possessive form, that is, preceded by the prepositions **a** or **ka,** as if the antecedent were a thing possessed, and the verb is subjoined as with **nana.**

The prefix preposition **ka** is used when the noun (generally **mea**) follows or is understood. The relative particle **ai** always follows the verb, except when **nei, la** or **ana** takes its place.

Examples: Ka'u mea e hai aku nei ia oukou—My thing to tell you, i.e., what I tell you.

Na mea a'u i ike ai—The things of me to have seen, i.e., the things which I saw.

Eia ka lakou i ike ai—Here is theirs to have seen, i.e., this is what they saw.

Ke kumu niu a maua i ae like ai—The coconut tree which we two agreed about.

Case 3. When the relative is in the possessive case or is governed by a preposition.

1. When it relates to a person, it is expressed by a personal pronoun in the same construction.

Examples: O ka mea ia ia ka pahi—He to whom the knife belongs.

Ka mea ma ona la i hana ai i ka lani a me ka honua—The person by whom he made the heaven and the earth.

2. When the relative refers to a thing which is the clause, means or instrument by which anything is or is done, the relative is generally expressed only by the particle **ai** which always follows the verb in such clauses.

Examples: Heaha kau mea i hiki mai ai?—What is your reason for coming?

Oia ke kumu i kaua ai lakou—That was the cause for which they fought.

Vocabulary—Verbs

ha'oha'o—to doubt, to marvel
hoopa'i—to punish
huikala—to cleanse
hiolo—to tumble, fall over
helelei—to be scattered
hoopailua—to be disgusted
iniki—to pinch

pakele—to escape
pahú—to burst
puehu—to blow away
pua—to blossom
luu—to dive
uwi—to twist
wi—to be famished

Sentences

1. Ke hoopa'i nei ka lunakanawai i ka poe hana hewa.
2. Ua ha'oha'o no makou i ka lohe ana i keia nu hou ano-e.
3. Ua ili ka moku ma ka puko'a a ua nalowale loa ia.
4. Ke iniki nei ke keikikane kolohe i kona kaikuahine.
5. Ke hea aku nei ke kanaka pupule i ka poe e ae.
6. Ua hiolo ia ka hale popopo no ka ikaika o ka makani.
7. Ke pa nei ka makani palanehe mai ka hikina mai.
8. Ua helelei ia ka opala i-o a ia nei.
9. Ua huikala ia ka poe hewa e ka lokomaikai o ke Akua.
10. Ua hehi ia ke lepo ulaula e na keiki opio.
11. Hele maua i Kailua i kekahi luau nui malaila.
12. Mai noho oe malalo o ka laau i ka wa au e lohe nei i ka hekili.
13. Ke nana nei anei oe i ka pueo e lele ana maluna o ke kumulaau?

LESSON 58

Relative or Adjective Clauses—(Continued)

3. When the relative refers to a noun denoting the time or place "in which" or "at which" anything is or is done, the possessive construction is preferred when a person is the agent and an active verb follows.

In this case the preposition **a** is generally used before the noun denoting the agent, but sometimes **ko** especially before **wahi**. The verb is always followed by the relative particle **ai** or **nei** which sometimes takes its place.

> Examples: I ka wa i ku mai ai o Binamu—When Bingham arrived, i.e., at the time in which Bingham arrived.
> Ma Kauai kona wahi i noho ai—At Kauai the place where he lived.
> Ma ke alanui a makou i hele ai—In the road in which we went.
> Ma kahi i huna ia 'i o Kaahumanu—At the place where Kaahumanu was concealed.
> Ka wa i make ai na 'lii ma Enelani—When the chiefs died in England.
> Ma Laie kona wahi i hanau ai—At Laie, her birthplace.

Vocabulary—Adjectives

ahiu, hihiu—wild	malumalu—shady
haohao—young (coconut)	neoneo—desolate
holopono—progressing	olala—thin
kawalawala—scattered	olohelohe—naked
lawehala—sinful	palahalaha—spread out
mahana—warm	papa'a—tight
malie—quiet	wiwi—emaciated

Sentences

1. He aina mahana, neoneo a mehameha no hoi o Kahoolawe.
2. He mau poe kawalawala ka poe Ilikini ma keia mokuaina.
3. Ua ai au i kekahi niu haohao a ono loa no hoi.
4. Ke ike nei anei oe i kela pipi wiwi a olala loa?
5. Ua aahu ia ka poe olohelohe i ka lole maikai loa.
6. He kanaka holopono loa oia, no ka mea, he kanaka noeau oia.
7. Ua hookomo ia na holoholona ahiu iloko o ka pa papa'a.
8. Luhi ka hele ana mai Kona a Ka-u no ke alanui ole; pilikia na wawae i na pohaku oioi; eha na wawae, luhi ke kino, a kaumaha ka manao, no ke alanui ino, loihi, wai ole, hale ole; a hiki i Kahuku, alaila hoomaha iki a hooluolu i ke kino i ka wai a me ka ai.
9. Ike na lawaia i keia hana a Kapaihipilipili, kaula'i lakou la i kana ai a maloo i ka la.
10. E hele liilii ka waiwai i haapuka wale ia; o ka hoiliili ma ka hana e mahuahua no.
11. He kumu le'ale'a nui ka hele ana i ka lawaia ma kekahi kahakai o ka wa Makalii, a imi i wahi malumalu ma kapa o kahawai, kahi a na i'a liilii i maa ai ka poe, alaila, kiola iho ka makau.
12. Heaha ke ano o kela ma ka olelo Hawaii?
13. Heaha ka hale a oukou e hana 'i no'u?
14. E awiwi mai oe a e kanu i keia mau anoano iloko o ka mala.
15. Ke pii mahuahua ae nei ka'u oihana.

LESSON 59

Adverbial Clauses

Of Places

Some noun denoting place must be expressed and the connection of the clauses indicated by **ai.** Thus "where," "whither" and "whence" are generally expressed by **kahi** or **wahi** with **ai** after the following verb.

Examples: O ka aina kahi a maua e hele ai—The land where we journey.
Koʻu wahi i hele mai ai—Whence I came.
Koʻu wahi e hele aku ai—Whither I go.
"Wherever" is thus expressed—Ma na wahi a pau a . . . ai.

Of Time

Some nouns denoting time must be expressed and the connection of the clauses indicated by the relative particle **ai.**

Example: I ka wa i make ai na ʻlii—When the chiefs died.
"Whenever" or "as often as" is expressed by **i na wa a pau a . . . ai.**
"As long as" is expressed—**I na la a pau a . . . ai.**

A loose way is to connect such clauses by the conjunction **a** or **aia** which is equivalent to "when," "and when," "until," etc.

Examples: A hiki mai ia—When he arrives.
Aia ike aku oe i ka manu—When you see the bird.
A ahiahi iho—When it was evening.
A ao ka po—When it was morning.

Vocabulary—Verbs

hawele—to tie on
hiipoi—to carry in the arms
hakilo—to spy
hili—to braid, wander
hooluu—to dye, immerse
kaena—to boast, to glory
kaha—to scratch

noii—to collect, reflect
owili—to roll up, twist
poʻi—to cover, to curve
paikau—to drill (military)
pakíké—to answer back
paweo—to be diffident
pauhia—to be overtaken

Sentences

1. Aole makou e kaena i na mea i ana ole ia.
2. Ua hoopailua makou i na hana kapulu o kekahi mau poe luina.
3. Ke hiipoi nei na wahine i ka lakou mau keiki.
4. Ua pauhia kakou i kekahi maʻi kupaianaha loa.
5. Ke noii nei ka poe naauao i na olelo kahiko o na Hawaii.
6. Ke hawele nei ka wahine opio i kona pa kamaa.
7. Ua hooluu ia na haumana iloko o ka wai o ka Ierodane.
8. Ke kaha nei oia i kona kii ma ka puke uuku.
9. Ke hili nei ka wahine i ka oloná me ke akamai loa.
10. Ke hakilo nei ke kahuna hakilo i ka lani i kela po i keia po.
11. Ua owili ia na moena lauhala a ua lawe ia aku nei.
12. Ke hee nei ka pele a ke holo nui nei oia ma ka aina ikai.
13. Ua olelo kekahi, he kipi ia.
14. O oe no ka mea mama e hele.
15. Ua hele mai nei au e kamailio me oe.

LESSON 60

Clauses of Time

Another way of rendering clauses connected by "while" or "when" is by prefixing the preposition **i** or **ia** to the subject when it is a person and placing after it a form of the verb which may be considered as a participle.

When the progressive form in **ana** follows, it is to be rendered by "while" with a verb; when it is in the past participle, by "when" or "as soon as." In the latter case the verb is always followed by **ai.**

Examples: Ia ia e noho ana malaila—While he was sitting there.
Ia'u e noho ana me oukou—While I am with you.

There is this distinction to be observed:

Ia ia e hele ana aku—While he was going.
Ia ia e hele aku ana—When he was about to go.

A clause introduced by "while" in English may also be rendered by a participial noun, preceded by a preposition, as **i ko'u hele ana 'ku**—while I was going (in my going).

Oiai is often used for while, especially when the clause in English has for its predicate the verb "to be," followed by a noun.

Examples: Oiai ka la—While it is day.
Oiai ka malamalama me oukou—While the light is yet with you.
Oi also means "while."

Vocabulary—Verbs

awihi—to wink	hoano—to reverence
ekemu—to reply, utter	hoapono—to approve
hoikeike—to make known	hoomahu'i—to imitate
hua—to be fruitful	imihala—to find fault
hoomaau—to persecute	iamo, iomo—to leap into water
hoomakeaka—to cause to laugh	ulolohi—to be slow, tardy
holole'a—to run fast	wanana—to prophesy

Sentences

1. Ina ua hoomaau lakou ia'u e hoomaau no hoi lakou ia oukou.
2. Ua hoomakeaka nui ia ka poe e ke kanaka keaka.
3. Ke imihala nei ka poe ohumu i na mea i hana ia e ka mo-i.
4. Ke iamo nei ke kanaka iloko o ka luawai hohonu.
5. Ke hoikeike nei ke kaula i ka wanana ana mai ke Akua mai.
6. Ua hoapono ia kona mau palapala a ke kumua'o.
7. Ke hoomahu'i nei na keiki i na hana a ko lakou mau makua.
8. Ua hoowahawahá nui ia ka Haku e kona poe enemi.
9. Ke awihi nei ke keiki kolohe i kona mau maka.
10. E hoano ia kou inoa, e hiki mai kou Aupuni.
11. Heihei na lio holole'a mai Waimea a hiki aku i Kekaha.
12. Ekemu ole ke kanaka no kona ano maka'u nui.
13. Ke hua nei ka laau i kona mau hua i ka wa kupono.
14. E awiwi mai oukou, e ka poe ulolohi loa!
15. Aole e hiki i ka punawai hookahi ke kahe'mai i ka wai awaawa a me ka wai ono.

[65]

LESSON 61

Vocabulary—Verbs

hikau—to throw aimlessly
hi-o—to lean
kaka—to thrash, to whip
kaahope—to be past
kuhela—to sweep along
kaomi—to press down

olaolao—to weed, dig
luku—to slaughter
pualu—to recite in concert
papa—to forbid
pahu—to pierce
uhiuhi—to thatch

Nouns

anana—fathom, six feet
aaho—small stick for thatching
auhau—tax
hoakuká—counsellor
huwá—envy
hinalo—pandanus flower
huelo—tail
hi'u—fin of a fish
hoohuoi—jealousy
hiaku—fishing for aku
hihia—law-suit, trouble
holua—sled
ha—rootstalk
hoailona—sign, emblem
ipo—sweetheart
kaao—story, legend
kuamoo—custom, backbone
kokoolua—assistant
koko—string-net
kiná—blemish
kumuhoohalike—pattern
kilohana—beautiful tapa
kihi—corner, edge
koena—remainder
lihi—edge, border

luuluu—grief
makana—gift
mamo—descendant
mahoe—twins
manai—lei-making
moho—candidate
maika—bowling stone
nuku—bill, mouth
nalulu—headache
okana—district
oeoe—whistle (steam)
oha—branch, sucker
papu—fort
ponalo—mildew
poai—circle
pahuhopu—goal
punana—nest
paahana—workman
pana—noted spot
puuku—treasurer
punawelewele—spider's web
punanana—spider's web
palena—boundary
poli—bosom, lap
unahi—scales (fish)

Adjectives

hulilua—turning two ways
iwaenakonu—middle
ilikai—horizontal
konekonea—bald
loliloli—water-soaked

lulu—calm
malo—dry
miki—energetic
onukunuku—dwarfish
u'i—young, good-looking

LESSON 62

Clauses of Time—(Continued)

Clauses introduced by "before," "since," or "after" are expressed by the compound prepositions **mamua o** and **mahope o,** followed by a participial noun.

Examples: Mamua o koʻu hele ana aku—Before I went.
Mamua o ka wa e ko ai—Before it is accomplished.
Mahope iho o kona hiki ana mai—After he arrived.

The use of **ai** in the sentences beginning with an adverbial expression may be accounted for from the analogy of relative clauses by supposing an ellipsis.

Examples: Malaila oia i ike ai—That (is the place) in which he saw.
Pela no oia i malama aku ai ia lakou—That is the way in which he took care of them.

The subject, if a pronoun, generally precedes the verb in such sentences as **Pehea la oukou i ike ai ia mea?**—How do you know that?

Vocabulary—Verbs

hooia—to prove
hookaa—to pay debts
hoopumehana—to warm self
hookikina—to send, command
kikoʻo—to stretch forth
kikohu—to blot

kunou—to beckon
kulaʻi—to push over
kupalu—to stuff with food
mama—to chew
mohala—to open, expand
nihi—to walk carefully

Sentences

1. "E nihi ka hele i ka uka o Puna."
2. Ke hookaa nei ka poe waiwai i ka lakou mau aie.
3. Ke hookikina nei ke alii i kona mau kauwá no kekahi hana kuikawá.
4. Ua hoiliili nui ia na pohaku mailoko ae o keia kihapai.
5. Ke nee nei ka manawa me ka awiwi i keia mau la.
6. Ke kunou nei ka lawaia no kona hoapaahana e hele mai a kokua.
7. "E kikoo aku ana au i na mea mamua."
8. Ua kulaʻi ia na pou popopo.
9. Ua hooia ia ka olelo a ka makaainana e kona alii.
10. Ua kupalu ia na pipi a ka mauu iloko o ka pa nunui.
11. Ua mohala ia na pua iloko o keia mala ma ka po nei.
12. Heaha keia mea a na keiki e mama nei i keia manawa?
13. He poe punawai wai ole lakou.
14. Ku ae la o Simona Petero a hoopumehena ia ia iho.
15. Aole kekahi e kaili aku i ko oukou olioli mai o oukou aku.

LESSON 63

Final Clauses

Final clauses are those which denote a purpose or motive. They are generally introduced by i—"that," "in order that," or by i ole e —that not, or by o—"lest."

Sometimes purpose is expressed by an infinitive followed by ai which is equivalent to "in order to" with the infinitive in English.

The particle ai sometimes occurs in final clauses introduced by i to bring out the idea of the means or cause. It can be rendered by "whereby" or "thereby" and explained by substituting i mea e for i.

Examples: E hooikaika oe i na keiki i loaa 'i i ka pono—Exhort the children in order that they receive good.

Kua lakou i ka laau ala i pau ka aie—They cut down sandalwood in order that the debt might be paid.

Mai hele oe i ka lua Pele o make oe—Do not go to the Volcano lest you die.

Vocabulary—Verbs

hamo—to rub gently
hamama—to open, to gape
haliu—to turn, listen to
hoonani—to praise
hookupu—to contribute
hoomauhala—to cherish revenge

ka'i—to lead
kahihi—to entangle
kipi—to rebel
kilo—to spy, see omens
koele—to beat, strike
lalapa—to blaze

Sentences

1. Ua hoola ia ka poe ma'i he nui wale e ke kauka lapaau akamai.
2. Ke ka'i nei ke alii i kona mau poe mai ke kuahiwi a hiki i ke kai.
3. Ua hamama ia kona waha a komo ae la kekahi mau nalo iloko.
4. "E haliu mai oukou ia'u," wahi a ka Haku.
5. Ua hoomauhala ia keia mea e ke kanaka huhu no kanakolu mau makahiki.
6. Ua kipi iho la ka poe a Ka-u no ka hana hewa loa a ke alii.
7. Ke kahihi nei ka lio ia ia iho ma ke kaula loihi.
8. Ke hookupu nei ka poe i mau makana no ke alii hanohano.
9. Ua hoonani nui ia ke Akua a ka anaina haipule.
10. Ke koele nei ka wahine i ke kapa ma ka papa oole'a.
11. Ua hamo ia ka ili o ke kanaka kukini e kona hoaaloha.
12. Heaha la na mea a ke kahuna e kilo nei?
13. Ke kapa nei kakou i ka poe hoomanawanui, he pomaikai.
14. Aole anei oe kekahi o na haumana a keia kanaka?
15. Aole anei au i ike ia oe ma ka mala me ia?

LESSON 64

Clauses of Correspondence or Comparison

The Hawaiian language is deficient in expressing comparison. Such sentences must be broken up into independent propositions. Clauses introduced by "as" in English are expressed in Hawaiian by **like,** followed by a relative clause.

Examples: E like me ka'u i olelo aku ai ia oukou—As I told you, lit., like mine to have told you.

E like me ka'u i aloha ai ia oukou, pela oukou e aloha aku ai i kekahi i kekahi—As I have loved you, so love ye one another.

Clauses introduced by "so . . . that," expressing a consequence, are stated as independent propositions in Hawaiian. "How," introducing a dependent clause, is expressed by a circumlocution.

Example: Ua ike oukou i ke ano o Aberehama ho-a ana i na hipa keiki maluna o ke kuahu—You have heard how Abraham used to burn lambs on altars.

Clauses expressing cause or reason. They are introduced either by **no ka mea,** "because," or are expressed by the preposition **no,** followed by a verbal noun.

Examples: No ka mea, ua ike no oia i na mea a pau—Because he knew them all.

No ko lakou ike ana i na mea ana i hana 'i—For they knew the things which he did.

Vocabulary—Verbs

hoea—to be in sight,
    to have arrived
hoooluolu—to comfort, to please
hookohu—to appoint
hoomaunauna—to waste
hooulu—to cause to grow
hoomaa—to accustom
hoomakaulii—to be thrifty
hoonaukiuki—to irritate, provoke

hoouka—to put on, attack
kauka'i—to wait for event
kaa—to roll
kahinu—to anoint
kalele—to lean upon
kalokalo—to pray, call to
mahiki—to cast out
mahae—to be separated

Sentences

1. Ua kahinu ia ke alii e ke kahuna naauao.
2. Ke kalele nei ka elemakule ma kona kookoo.
3. Ua mahae na aoao elua ma kekahi mau manao like ole.
4. Ke kalokalo nei ka poe haipule i ko lakou akua.
5. Ua mahiki ia aku na uhane ino mailoko ae o ke kanaka ma'i.
6. Ke hoonaukiuki nei ka poe kolohe i ka poe oluolu.
7. E hoomakaulii kakou, aole e hoomaunauna wale i na kalá.
8. Ua hookohu ia ka wa e wehe ia ai ka hana ko'iko'i.
9. Ke kaa nei ka uala mai ka piko o ka puu a hiki i ke kai.
10. Ua hoomaalili ia na mea ai wela loa.
11. Ua hoomaa lakou i ka holo nui ana kela la keia la.
12. Ke kauka'i nei kakou i ka hoea ana mai o ke alii nui.
13. Ua hoouluolu ia ka poe pumehana loa e ka makani hu'ihu'i.
14. Loihi ke ala mai Ewa a i Waianae, he ino, he aa, he wela, maloo.
15. He mea hiki anei ke hooulu hou i keia ahakanaka?

LESSON 65

Conditional Clauses

The condition is introduced by **ina**, "if," either alone or followed by the tense signs **i**, **e** or **ua**; by **i** (shorter form of **ina**) or by **ke**, "provided that," which is used of present or future time. The clause beginning with **ke** is generally subjoined at the end of the sentence, while **i** or **ina** stand at the beginning.

"If not" is expressed by putting **ole** after the verb and **ina** before it, or by the phrases **i ole e** or **ke ole**. In a long sentence the conclusion is often marked by a second **ina**, equivalent to "then."

Examples: Ina i hele mai nei oe, ina ua ike—If you had come here, then you would have seen.

Ina i makemake mai oe ia mea, ina ua kii mai oe—If you had wanted this thing, then you would have come for it.

E maluhia lakou ke hiki mai—They shall be at peace if they come.

A i hoi ole mai, kaua no—And if he does not come, it is war.

Vocabulary—Verbs

hailona—to cast lots
hoohenehene—to ridicule
hailiili—to curse
hia-a—to lie awake
hooakamai—to make pretense of wisdom
kaupaona—to weigh
kukuli—to kneel down
kuewa—to wander about
konokono—to incite
luli—to vibrate
lomi—to massage
leha—to turn the eyes
mahuka—to run away
nahá—to be split

Sentences

1. Ua hoailona aku la lakou ma ia wahi malu.
2. Ua nahá ia ka laau koa e ke koilipi.
3. Ke lomi nei ke keiki i ke kua o kona makuakane.
4. Ke kukuli nei ka anaina haipule i ka wa hookahi.
5. Ua kapili ia ka moku uuku e ke kamana akamai.
6. Ua konokono ia ka lehulehu, a aole i hiki i na luna ke kaohi aku ia lakou.
7. Ke kaupaona nei ka mea nana i'a i na i'a ma ka hale kuai i'a.
8. Ua mahuka aku na mea paahao mai ka hale paahao aku.
9. Ke luli nei oia i ke kahili kahiko ma kona lima.
10. Ke kuewa nei ka poe ilihune ma ka waonahele.
11. Ua hoohenehene ia na luna nui e ka poe hooakamai.
12. No ke aha la oe e kanikau nei, e kuu makamaka maikai loa?
13. He kanaka hia-a oia ma ka po nei no kekahi moeuhane inoino.
14. Ke hailiili nei ka poe pekana i ka inoa hemolele o ke Akua.
15. Ke leha nei oe i kou mau maka ma ka aoao hema.

LESSON 66

Vocabulary—Verbs

haanui—to boast
haele—to go, to come
hapala—to besmear
haehae—to tear, to rend
hahao—to put in
haalo'u—to mourn
hapaku'e—to stammer
hai—to tell, declare
hehu—to uproot

hoahu—to lay up
hoohalahala—to find fault
hoaahu—to clothe
hoalohaloha—to give thanks
hoouluhua—to bother, vex
hoakaka—to make plain
hoohoka—to disappoint
holehole—to strip, to peel
paa—to be tight, fast

Nouns

apana—piece, portion
alapii—ladder, stairs
he—grave
hanauna—generation
konane—checkers
kulana—situation, reputation, position
kilo—a star-gazer
ilina—graveyard
lupe—kite
manele—sedan chair
moeuhane—dream
makahá—fish-pond outlet

newa—staff, cane
nane—riddle, parable
mokuna—chapter
opala—rubbish
puali—company, group
paele—negro
pio—prisoner
piliwaiwai—gambling
powa—robber
pauku—verse
uwapo—bridge, pier
ulia—accident

Sentences

1. Mai kikohu oe i kou pepa.
2. Ua kokoke ka wa no'u e ho'i ai.
3. Aole au hana, aka, he paani wale no.
4. Heaha kou mea i maka'u ai?
5. Hiolo ua mau hale la.
6. Ua pii makou i ka mauna kiekie i uhi ia i ka ohu.
7. E komo kaua iloko o ke keena a e noho kaua ma na noho oluolu.
8. O Liholiho ke kaikuaana o Kauikeaouli.
9. E kanu oe i keia mau kumulaau—elima mau ohai, eono mau niu a me ewalu mau ulu.
10. O Kalakaua ke kaikunane o Liliuokalani.
11. Pehea la wau e hana 'i? Aole hiki ia'u ke mahi, a hilahila no wau i ke noi.
12. E ka'u keiki, ua noho mau oe me au, a o na mea a pau a'u, o kau no ia.
13. Ia'u e noho ana me oukou.
14. Nana i hana i ka lani, a nana no hoi e hoakaka.
15. Ua hele au ma kela mau hale e ku kawalawala ana ma Waimanalo, e kamailio me kolaila kanaka.

LESSON 67

Sentences

1. Owai ka inoa o ka wahine punahele a Kamehameha?
2. Ua waele e oia i ka mala.
3. O Kualoa he aina kapu i ka wa kahiko.
4. Ua ai mauu na lio iloko o ka pa kokoke i ke kai.
5. Pua ke ko, ku mai ka hee.
6. Heaha na inoa o na mauna nui eha ma Hawaii?
7. He akea a laumania no hoi ke alanui mai Honolulu a hiki aku i Ewa.
8. E hoomakaukau i ka waa a me na upena no ka lawaia i keia po.
9. He pohu loa ke kai i keia awakea.
10. Ke makemake nei au e loaa mai i kekahi mau pupu kanioe ma ke kuahiwi.
11. Ke lele nei na kia ma Papohaku maluna o ka pa, a pee lakou malalo o na kumu kiawe.
12. No ke aha la e hele ole oe i ka hana i keia la?
13. Me ke ana a oukou e ana aku ai, pela no e ana ia mai ai no oukou.
14. Eia kekahi mea e pomaikai ai i ka aina.
15. Pela oia i malama aku ai ia lakou.
16. Ua nui ka poe i imi i ka mea e pau ai keia pilikia nui, aole nae i hiki pono.
17. O ke alelo, aole loa e hiki i ke kanaka ke hoolakalaka ia mea; he mea ino laka ole ia, ua piha i ka mea awahia e make ai.
18. Noloko mai hoi ou i hoopuka ia mai ai na kanaka hanohano o ke aupuni.
19. Nehe ka lau i ke ko, owe ka lau o ka manienie, ku ke ehu o ka lepo iluna.
20. Aole au i ike ia oe, a me kou ikaika, aole hoi au i hele mai e hoolohe i kau olelo, he hana oko'a ko'u mea i hiki mai ai ianei.
21. Aloha ka makua o keia wahi, Aloha ka makua o ka la welawela, Ka makua o ka lepo, Aloha ko kakou makuahine o ke anuanu li'a o ka ili.
22. Ina he makapo e alakai i ka makapo, e haule pu laua iloko o ka lua.
23. Pela e mahani aku ai ka nani o keia ao.
24. E uhaele kakou ma kahi malumalu.
25. E ino ana keia auina la.
26. Ua uhi paapu ia ka lewa e ka ao.
27. Ke lohe nei anei oe i ka halulu a ke hekili?
28. O ka mea malama i ka oiaio, oia ke hele mai i ka malamalama.
29. Nani ino kuu makemake. I nui ke aho.
30. O Lunalilo ka mo-i eono o Hawaii nei.
31. Lalau ma ka noonoo.
32. Kupaianaha ke hai ia 'ku.
33. E lawe i noho a e noho iho.
34. Ua oluolu anei ka ohana?
35. I ka hola ehia kou ala ana?
36. Ua koekoe, makani, ino.
37. E malie ana keia la.
38. Aia he ohu poluluhi loa.
39. Ua loaa wale au i ke anu.
40. Ua loli anei ka pa ana o ka makani?
41. Aole e hiki ia'u ke hoomanawanui i ka wela.
42. He maikai ka aina, he holopono ka hana.
43. Ke ike nei anei oe i na holoholona ahiu ma-o?
44. Ka pa nei ka makani mai ka aoao kona i keia la.
45. Lanakila ae la o Kamehameha maluna o Maui, Molokai ame Oahu.
46. Heaha ka loihi mai Honolulu aku i Waialua?
47. He pololi a makewai no au.
48. E ninini mai oe i wai mai ka niu haohao mai.
49. Ke nana nei oia i ka mauna kiekie.
50. E lawe mai ia'u i kuu noho oluolu a me kuu puke.
51. A ike oukou i kekahi ao e hoea ana mai ke komohana mai, olelo oukou.
    E ua auanei, a pela i'o no.

LESSON 68

Sentences

1. Ua eha au, aka ua oopa oia.
2. E hana oukou oiai ka la.
3. Ke ai nei ka wahine opio i ka manu kolohala.
4. E like me ka olua i hana mai ai ia'u.
5. Nau no e lawe aku i keia mau mea.
6. O na aina ia'u ponoi, o kou aina ia.
7. Nui ko'u hewa, aole no ha'i, na'u no.
8. Aole na'u e malama i ka aina nui.
9. Kii koke iho la oia ia'u.
10. No ke aha, aole ou hai mua mai ia'u?
11. Ua hookumu ia ke kula mua ma keia pae moku ma Maui.
12. E hana kakou iloko o ka mala i keia la, a waele i ka nahelehele, a e kanu i mau uala.
13. Kono ae la au i kekahi mau hoaaloha o'u i ka luau i keia ahiahi.
14. Ninau mai la oia ia lakou, Heaha ko oukou i kamailio ai ma ke alaloa?
15. Ehia mau okana ma keia mokupuni?
16. Heaha ke kumukuai o keia papale ulaula?
17. Holo nui oia me ka pahi ma kona lima.
18. I mai nei ou kahu e hoi oe.
19. Kono mai o'u hoahele ia'u e noho malaila.
20. Heaha ka inoa o kela kumulaau?
21. Owai ka inoa o keia kanaka?
22. O neia kanaka ka i hele mai mamua.
23. I hele mai nei oia e ike ia kanaka.
24. He mea waiwai nui keia.
25. He kaikamahine noeau kela.
26. He kai hohonu ma ka aoao akau o ka mokupuni, aka, he papa'u ia ma ka aoao hema.
27. Ke waiho nei au i na anoano ma ke pakaukau.
28. E noho nanea kakou i keia la, no ka mea, ma ka la apopo e hana nui kakou.
29. Ua hiki mai ka manawa e haalele mai i keia kauhale uuku.
30. Ua koe mai he umikumamaiwa mau poe iloko o ke kauhale.
31. E oluolu oe e mele hou i keia mele.
32. Ke makemake nei anei oe i wahi pelehu a i ole i wahi puaa?
33. Auhea oukou, e na 'lii o ka aina?
34. Ua hele na 'lii ma ko lakou aoao.
35. I like me a'u nei ko lakou nui.
36. Me ia i noho ai, pela ia i make ai.
37. Halawai oia me kana keiki me ka waimaka.
38. Hana oia ma ka aina i haawi ia nona.
39. E kaapuni ana au i ka mokupuni o Hawaii.
40. Ina he hoaaloha kou, mai hoowahawaha iaia.
41. Ke ulu nei ka nahelehele me ka mahi ole ia.
42. Na ka hana wale no e hooulu ia ai ka ai.
43. Aole e manao ia ka pono o ka poe molowa.
44. E noho oluolu oe me kou hoalauna.
45. Owai ka i kii ia e Ahaza e hele mai e kokua?
46. Aohe wahi inoino o ia nei.
47. Lilo ka palapala ia wai?
48. Holo wale lakou a loaa kahi aina.
49. Huipu ia keia pae aina e Kamehameha i hookahi aupuni.
50. Ina e noho mau oe ma Hawaii nei, ina e loaa ia oe ka pomaikai a me ka hauoli.
51. O ke aloha, ua hoomanawanui a ua lokomaikai.

LESSON 69

Sentences

1. Ua ike e lakou i na pipi keokeo.
2. Ua huna ia na pahi iloko o ka eke.
3. Ua hele mai nei anei oukou e hopu mai ia'u?
4. Ua puhi anei oia i ka pu?
5. Ua hopu ia ka aihue e wai?
6. He hu'i kuu poo a me kuu niho.
7. Ua maha ka eha ma kuu aoao.
8. Eia he pulelehua ma ka lau nui.
9. E akaaka ana oe i ke aha?
10. Nawai i haawi mai ia oe?
11. Uwoki oe, mai hoouluhua ia'u.
12. Ua la'i loa ia po no ka mahina poepoe.
13. Heaha ka oukou e hana nei? Aole, e luana wale ana no makou.
14. E aho nau e kokua mai ia makou.
15. Pololi loa oia, a hele oia i kauhale e makilo ai i ai nana me ka hilahila ole.
16. Ua pauhia mai au e ka makemake nui.
17. Ua pauhia lakou i ka hiamoe.
18. Aole pono ke hoopio na 'lii i ke kanaka hewa ole, aole pono ke paa i ka hao ka mea noho pono.
19. Ua pau kana hana, ua kuu ka luhi.
20. He kumu hou o Kanekapua, a o ke kumu mua, he kanaka molowa a me ka lalau, nolaila, ua lilo ke kula i mea ole.
21. Eia kekahi hemahema o ia kumu, o ka ikaika o kona leo, me he mea la, he huhu, a ua pono ia ia ke hooluolu i kona leo, o pilikia na keiki liilii i ka maka'u.
22. He wahi nu hou kaumaha ka'u e hai aku ia oe, a nau ia e hai aku i lohe ia ma kela wahi keia wahi a puni keia Pae Aina mai Hawaii a hiki i Niihau.
23. Ma ka la umikumamahiku o Iulai 1856 ae nei, oki ia kekahi mau niu ewalu i ke ko'i, maloko o kekahi kuleana ma Keei nei, na Aumai i kua, me na kanaka e i kokua pu me ia ma ke oki ana.
24. He pono no na lunakanawai ke makaala i na hewa kupono ke hoopii ia mai imua o lakou e like me keia hewa.
25. Pehea na konohiki ma Maui, Lanai, Molokai, Oahu, Kauai? Penei no anei ka oukou e hana 'i e like me ka keia konohiki o oukou, ke kena mai i luna malalo iho o oukou e kua i na niu, na kou, na alani, hala a n.e ka hau, a pela aku, no ka mea, maloko o na kuleana o kanaka.
26. Pehea la keia hana hewa? Aole he kanawai ma Kona Hema Hawaii? Aole anei pau na hana naaupo, apiki, lalau, a me ke ano kahiko ma Keei?
27. E na kanaka o Keei, ina e hana hewa kekahi kanaka a kue i na kanawai pono e hoopii ia ia imua o ka lunakanawai, nana e hoopai e like me ke kanawai.
28. Ke makemake nei au ke hoolimalima i mau kumu kula Hawaii, e noho ana ma na kula aupuni o Kona nei. O na kumu kula akamai a me ka pololei i makemake e ao kula, e hele kino mai oukou a e kamailio pu me a'u, aia ma ka Hale Aopalapala.
29. Ke hai aku nei au i na kanaka a pau, ua kapu na laau a pau ma ko'u aina mauka o Manoa, oia ka aina o ke kula nui o Punahou, ka ohia, kukui, kopiko, koa, kela laau keia laau a pau loa, mai kii wale aku kekahi, o hewa i ke kanawai, e hooukuia no ka poe malama ole i keia.
30. E na kanaka mea pipi ma Maui, ina makemake oukou e haawi mai i ko oukou pipi me maua e hanai ma Makawao iuka, he nui ka ai malaila, a ua momona ka pipi.

LESSON 70

Sentences

1. Ke kau ana o ka mahina maluna o ka ili o ke kai i ka manawa e napoo aku ai.
2. Hana ia kekahi koko hakahaka, a paa na kanaka eha ma na kihi eha o ua koko la.
3. Kuhi lakou he lokoino ko na kanaka o Hawaii.
4. Na nalu kuhela mai waena moana e pahola ana i ke kowa o Alenuihaha.
5. I kuikahi ai ka inoa o ke aupuni.
6. O ka poe akamai i ka olelo a me ka hana maoli, he noeau ia.
7. Noho alii iho la o Kamehameha maluna o keia pae aina.
8. Ua omo ia ke kai e ka wela, a lilo ia i mau ao.
9. Makaala ke kanaka kuhea manu.
10. O ka mokuahi paha ke keu o na mea kupaianaha a ke kanaka naauao i hana ai ma ke ao nei.
11. He minamina loa kakou a pau i ka lohe ana ua ili ia moku ahi o kakou i alo ai i na ale o Pailolo a me Alenuihaha i na makahiki eono.
12. Ua hoomaka hou no ia i ka holo pili aina a ku i Maui a me Hawaii e like me mamua.
13. E olioli ana na ohua e holo ana iwaena o keia mau moku aina, i ka loaa hou ana o ka moku.
14. Lealea na pepeiao i ka lohe ana i ke kani ana o ka oeoe o "Kilauea".
15. Ua hele na kaikamahine ma kahi papu a maikai, a loihi, me ka manao ole e kaawale aku ana ko laua home i hope.
16. Ua hoomaka ka hau e haule mai, a uhi i ka aina, ka nalo no ia o ke ala, a nalo wale hoi laua.
17. Huli no nae, a nana i kahi i manao ai, aia ko laua home.
18. Hele nae me ka maka'u a pihoihoi a uwe nui. Pehea la e loaa ai ko laua home?
19. Ua hoopanee ia ke kukulu ana i ke kula kaikamahine ma Kohala a akaka ka manao o Hilo.
20. "E ka mea hiamoe, e hele oe i ka anonanona, E nana i kona aoao a e hoomanao iho".
21. He nui na ano o na naonao a me na nonanona ma Hawaii nei, a ma na aina e he nui hou aku no na ano.
22. He liilii loa iho no kekahi a nunui ike ae kekahi. He ulaula kekahi, he ahinahina kekahi, he eleele kekahi, a he keokeo kekahi.
23. He aki mai kekahi a he holo wale aku no kekahi ke paa i ka lima.
24. He noho hui lakou ma kahi hookahi, me he aupuni kanaka la, a lokahi lakou i ka hana ana i na hale o lakou a me ka malama keiki ana.
25. Ua haawi mai ke Akua i ke kapa mehana loa i ka hipa, oia kona hulu, e hoopuni ana i kona kino a pau a me ke poo, a koe wale no o na wawae.
26. I na mahina anu o ka hooilo, ua ulu ka hulu o ka hipa a manoanoa a ina e haule mai ka hau maluna ona, aole ia e pilikia iki ana, no ka mea ua mehana oloko o kona kino; komo ole ke anu o ka hau iloko o kona hulu.
27. Holo au i Hauula e hoike kula malaila. He ino nae keia hele ana, no ke ino o ke alanui, pahee no ka ua, kelekele, a ua ino loa kekahi mau uapo ma Waiahole.
28. No ke aha, aole hana ka luna alanui i keia mau wahi ino? No ke aha aole hana ia ke alanui ma ka pali? He ino maoli i keia wa, eha loa ka lio, a me ka pipi. Aole hoi he nui loa ka hana, ke hooponopono ia na wahi ino loa ma ua pali nei.
29. Maikai na kula o'Polani no Kaaawa, me Kahana, a me ke kula o Naukana no Hauula. Ua emi iho ke kula o Naili ma Punaluu.
30. Ua lako ka nui o na haumana i ka buke, papa, peni, a pela 'ku, aole hemahema loa e like me kekahi mau kula. Ua hele nui hoi na kamalii i ke kula, aka, ua emi loa na haumana ma Koolaupoko, me Koolauloa i keia wa.

LESSON 71

Sentences

1. Ua holo iki ka mahiai i keia wa ma Koolau, me Waialua. Eono oopalau e holo nei ma Koolaupoko, e hoowali ana i ka lepo, a kanu kulina, papapa, ipu, kela mea keia mea.
2. Ma Waialua, ua holo ka oopalau, ke ulu maikai nei ke kulina, me ka papapa, ua maikai loa. He eono paha eka papapa a ke kanaka hookahi e ulu nei; aole hoi pau ke kanu ana.
3. He mea nui loa keia, o ka holo o ka oopalau; o ka hikiwawe ia; o ka mama ia. O ka waiwai no ia. Ma ka o-o, nui ka luhi, holo ole ka hana; uuku kahi loaa.
4. Auhea oukou, na kanaka makemake i aina maikai. Eia ma kuu lima i waiho nei kekahi mau aina na'u e kuai aku, he aina kula kekahi, aina kalo kekahi. Makepono ke kuai ana, kuai nui, a kuai liilii paha, e like me ka makemake o na kanaka.
5. Ke noho nei kekahi poe elemakule a me na kanaka makua, ua ao lakou i ka olelo, ua huli ma ka pono, aka, o na keiki a oukou, auhea ko lakou lohe?
6. Auhea ko lakou huli i ka pono. Aole. Ua pau lakou i ka hele hewa, ua ao iki i ka palapala.
7. Hiki mai ka molowa, haalele koke no ia i na kumu a lakou i ka palapala i haawi ia na lakou e ao, ua pau i ka haehae ia, a ua lilo lakou i poe lalau wale.
8. "E alakai oe i ke keiki ma ka aoao e pono ai ke hele, a i kona wa e oo ai, aole ia e kapae ae".
9. He mea hou keia i keia wa, o ka hui ana o na kanaka ma kela wahi keia wahi, ma ka hana mahiai.
10. Eia na ahahui a'u i lohe ai. O ka ahahui nui ma Honolulu, o ka Moi Kamehameha IV ka Peresidena, oia hoi ka luna nui.
11. Ua halawai ia aha, i kela malama i keia malama, e lohe ia ka olelo hooikaika a ka poe olelo, a ua loaa malaila ka manao lana a me ka hoihoi ma keia hana maikai, i kekahi poe.
12. Heaha ka pono nui e loaa mai ma keia hana hui ana? Eia, o ka manao paa o kekahi poe e hooikaika ma ka mahiai; elua, o ke akamai no ma ia hana, a nui auanei ka loaa malaila; ekolu, o ka lilo o ka mahiai i mea hanohano maoli o ka poe hana ia hana; eha, he mea keia e pau ai ka palaualelo, a me ke kolohe o kanaka.
13. Nui na pono e loaa mai, ke hooikaika keia mau ahahui mahiai. E pau auanei kekahi nahelehele waiho wale, i ka mahiia, a e uliuli maikai na aina panoa.
14. I Ewa iho nei ke Kuhina Aopalapala, a hooponopono pu me na kumuao, a me na lunakula, a me kekahi mau makua, a me na keiki no hoi no na kula, no ka hoemi mai o na kumuao, a me na lunakula, no ka pau loa o ke dala o ke Aupuni i na kula liilii o ke Aupuni malalo iho o na haumana 20.
15. Ua hooholo ka manao o ke Kuhina e hui i na kula i hookahi. Ua maikai ka hana a ke Kuhina.
16. Ua maikai maoli ka palaoa e hana ia nei iloko o ka mila ma Honolulu nei i keia wa. No ka maikai o ka huita, keia maikai o ka palaoa.
17. I ka la 26 iho nei, hele nui na 'lii a me na 'lii a pau, a me na haole he lehulehu maluna o kekahi mokuahi kaua, e launa me ke Kapena, a e ike i ka moku.
18. Maikai ka halawai ana, oluolu loa ke Kapena, a ma na 'lii o ka moku, a kuhikuhi nui hoi i ke ano o ka moku i ke Alii mai luna a i lalo.
19. Ma kuu aina, ua kapu na holoholona a oukou, ke komo i kuu aina, lio, pipi, hoki, miula, hipa, kao, puaa, mea e ae. Nau, e kuu makamaka aloha ia'u, e hoolaha ae ma na kihi eha o ko Hawaii pae aina, ma ka malu i ke kanawai o ka Moi o ko Hawaii aupuni.
20. Ua akaka lea keia. O ko na makua noho ana ma ka naaupo, aole lakou ike i ka palapala, he mea hiki ole ia lakou ke ao aku i ka lakou poe kamalii.

LESSON 72

Reading Lessons

Illustrating Different Styles of Expression in Hawaiian

Quotations from Fornander's Collection of Hawaiian Antiquities and
Folk-lore

He Moolelo no ka Mahiai.

Mai Hawaii a Niihau, aohe like o ka lepo a me ka noho ana. He oko'a ko
kela wahi, ko keia wahi. Elua ano o ka aina, he maloo a he wai he lepo a he
a-a; he maikai a he ino; he pali, he kahawai, he awawa, he puu, he kualapa.
He ua, he wai, he ohu, he naulu, he kualau, he wai puna, he kehau (e hoolilo
ia ka loko wai).

No ke kanu maloo.

Ma Kohala, Hawaii, pupuhi ka mauu i ke ahi a wela, alaila, pahu me ka
oo hao, wali ka lepo, kaka i luna ka lepo, a hookahi kapuai ka hohonu o ka lua.
Alaila, hoowali a aeae, kanu ka huli. Pela no e kanu ai a paa ke kihapai.

A ulu ka huli, alaila, wehewehe ka lepo, kaka hou i luna, a wehewehe ka ha
o ka huli, ina elua, ekolu paha, i ulu ka huli kalo. Ua kapa ia keia hana ana o
ke olaolao. A kiekie ka huli, hookahi kapuai me hapa, alaila, hoolue hou ka lepo
i lalo o ka huli, ia manawa, popoi i ka mauu. Eia ke ano, haliilii i ka mauu a
manoanoa, a paa ka mala. O ke kumu o keia hana ana pela, i ole e ulu pine-
pine ka mauu i ka ua. A hala ka makahiki, alaila, huhuki ke kalo a me kekahi
oha, koe kekahi oha no ka makalua. Ia wa nui na inoa o ka huli kalo; he
"omuomuo," he "puu," he "oha," he "aae," oia ke ano.

No ka Ipu Aimaka.

Ina kanu ka anoano, waiho a ahiahi o ka la, i ka wa e napoo ana, alaila
kanu, i uka ka ipu ke hiki i ka wa oo. Ina kanu i ke awakea, hakeakea, ano
keokeo, aole ulaula loa. He wahi loina ko ke kanu ana. Ina pupuu na mana-
mana o ka lima, onukunuku na ipu.

He Moolelo no ka Lawaia.

He nui ke ano a me na mahele ana o ka lawaia, he okoa ko ka papau, he
okoa ko ka hohonu, he okoa ko na koa o ka moana loa. He nui no hoi na
mahele e make ai ka i'a maloko o ka lawaia, he okoa ko ka po i ko ke ao, o ke
kakahiaka i ke ahiahi; he hahamau, he iniiniki, he kikomo, he kamakoi, he
kiolaola, he hoauau, he hooluuluu, he o, he moemoe, he lawaia waa, he upena,
he hiaku, he kapae, he kaka uhu, he luhee, a pela aku; he maunu, he makau,
he aho, he makoi, he pohaku, he laau, a pela aku no.

He loli na kau a lawaia ai i loko o ka makahiki, aohe mau ma ka manawa
hookahi, he mau hoailona kekahi e maopopo ai ka wa kupono e lawaia ai, aole
e lawaia me ka maopopo ole mamua. He kapu kekahi lawaia ana, a he noa
kekahi; hookahi kanaka a lawaia ai, a he nui ma kekahi lawaia ana; he waa
kekahi he waa ole kekahi.

Ke o. He laau loihi, ekolu iwilei ka loa, he hao winiwini oioi loa, hookahi
hai lima ka loa. O keia lawaia, aohe pono i ka poe ike ole i ka luu, aia wale
no o ka poe aho loa i ka luu ana a me ke o. Luu a lalo noho, o ke ano o ka
noho ana, he kaomi kahi lima i lalo, hookahi lima i ke o. Nana o ka i'a holo
ae, a ike, ia wa e o ai. O na i'a a pau loa o ka moana. O ka loihi o ka noho
ana i lalo, he hapa hola paha. Ina halawai me ka mano, hookahi hola okoa e
noho ai i lalo o ka hohonu, kupanaha maoli!

LESSON 73

Reading Lesson

He Hoikehonua. (1845)

O Hawaii no ka moku nui o keia aoao o ka moana. He kanaiwakumama-hiku mile ka loa, he kanahikukumamawalu ka laula. Ua okiia ka aina i eono moku. O Kohala, o Kona, o Kau, o Puna, o Hilo, a me Hamakua. He wahi ua o Hilo, oia wale no kahi ua nui. He ua no ma na wahi e o ka aoao hikina a me ka akau. Aole no he nui e like me o Hilo. O na wahi ma ke komohana me ka hema, kahi maloo. He ua iki no ilaila kekahi manawa, aole nui, he maloo ka nui. A iuka kahi nui o ka ua, iloko o ka ululaau. Aia no ilaila kahi o ka nui o ka ai. Ma kahakai, aole nui wale o ka ai, no ka maloo, a no ke aa. I ke kau, aole ua maoli malaila, o ka hau ka ua a me ka mahu. E kupu no ka ai, ke malama pono ia; aka, ke palaualelo ke kanaka, alaila, ua wi loa o Hawaii ma ka aoao komohana, a me ka hema. Ma na wahi ua a ma na wahi wai, ulu nui no ka ai ke kanu aku. He aa loa no ke kau wahi, aole hiki na mea ulu a pau, he aa wale no.

Ekolu no mauna nui ma Hawaii; o Mauna Loa, o Mauna Kea, a o Hualalai. Ua kaulana ia mau mauna no ke kiekie loa. Ma na wahi kiekie loa, ua keokeo i ke hau, no ke anu loa. Pela wale no na wahi kiekie o ka honua nei a pau. O ka poe akamai i ke ana kuahiwi, ua olelo mai lakou he umikumamaha tausani kapuai ke kiekie o Mauna Kea.

He aina pali no Hawaii. Hookahi wale no wahi palahalaha maikai, e like me na aina nui e ae; aia no ia mauka o Waimea malalo ae o na Mauna. He palahalaha ko laila, he maikai kau wahi, he aa no kekahi.

No Oahu. O ka aina. He aina oluolu Oahu. He momona ke kau wahi i mahi pono ia a i hookahe ia ka wai. He kula waiho wale kekahi, he kula hanai holoholona kekahi. Ma ka aoao akau a ma na mauna ka nui o ka ua, aka, hiki pono ka ua ma ka aoao hema i ka hooilo.

O na wai. He mau muliwai uuku 28. He loko paakai kekahi ma Moanalua, o Aliapaakai ka inoa. He kaikuono ma Ewa e komo ai na moku uuku iloko o ka aina. He awa maikai ma Honolulu, o Kou ka inoa, e pono no na moku nui hookahi haneli a keu aku. He wahi ku moku mawaho a hiki i Waikiki.

He mau mauna no ko Oahu. Aole no he nui, o Kaala a me Konahuanui na mauna kiekie o Oahu. He pele no ko laila mamua.

O Honolulu ke kauhale nui o Oahu a me ko Hawaii nei a pau; 1,000 hale paha. Eha hale pule. He iwakalua a keu na hale kalepa; eono hale kuai liilii i ka rama. Aia no hoi ka papu no ka poe lawehala.

O Kauai. Ua oki ia Kauai i eono moku. O Kona, o Puna, o Koolau, o Hale-lea, o Napali, a o Mana. Ma na kahakai, ka nui o kanaka. He aina mauna, he pali ko waena. O Kaaleale ka mauna nui.

O Kauai ka moku muliwai nui o ko Hawaii mau aina. He kanakolukuma-malua muliwai, a ua mahuahua kekahi mau muliwai. O Mana ka aoao maloo, aole muliwai, aole nui o ka ua. I ka hooilo wale no ka ua. He alialia nui ko laila aoao.

Ua nui na awawa. Malaila ka nui o ka ai, i kanu ia. Ua hookahe ia ka wai iloko o na lo'i, a ilaila ka nui o ka ai. He kula nui ko Kauai, ua waiho wale ia. Ina i kanu ia i ka pulupulu, a i ke ko paha, ua nui ka waiwai o ko laila poe kanaka. O Puna, a me Koolau, a me Halelea, na aoao maikai o ka aina. Ua ulu mai na mea kanu.

Elima wahi ku moku ma Kauai. O Waimea, o Wahiawa, o Koloa, o Hulaia, a me Hanalei. He kaikuono ma ia mau wahi. Aole awa ma keia aina. Aole no e pono ka moku ilaila i kekahi manawa. He pali wale no ka aoao komohana akau.

LESSON 74

Reading Lesson

KA ELELE HAWAII (1845).
No ka Mahele ana i ka Hana.

He mau mea no ma na aina a pau, ke mahele i kekahi mau hana. Okoʻa ka hana a na kane, okoa ka hana a na wahine ma na aina a pau. Ina holo ka waa ma ka moana, okoa ka mea hookele, okoa ka poe hoe. Ina holo pu na kanaka i ka lawaia, okoa ka hana a kekahi, okoa ka hana a kekahi.

Mai ka wa kahiko mai, okoa ka hana a ke alii nui, okoa ka hana a na kiaaina, okoa ka hana a na konohiki, okoa ka hana a na makaainana. Mai ka wa kahiko mai, ua kaawale ka hana a ke kahunapule, kaawale ka hana a ke kahuna lapaau, ua kaawale ka hana a ka poe kaka olelo, kaawale ka hana a ka poe kuauhau.

Ua hapa nae ka mahele ana i ka hana ma na aina naaupo, ua nui ka mahele ana i ka hana ma na aina naauao. Ma keia aina, na ke kanaka hookahi i mahiia, a lawaia, a kukulu hale, a ako hale, a ia mea aku, ia mea aku. Ma na aina ike nui i ka hana, ua mahele liilii ia na hana a pau. Ma Beretania ma kahi hana kuipine, aole na ke kanaka hookahi i hana i ke pine a paa. He umikumamalua mea hana i ka pine hookahi.

I ka hana ana i ke pine, okoa ka mea hoomakaukau i ke keleawe, okoa ka mea hana i ka mea nui, okoa ka mea hana a liilii, okoa ka mea hoopololei, okoa ka mea okioki, okoa ka mea hookala a oi, okoa ka mea okioki i ke poo, okoa ka mea owili, okoa ka mea hookomo, okoa ka mea hookeokeo, okoa ka mea anai, okoa ka mea nana e opeope, okoa ka mea nana e kuai. Ina na ke kanaka hookahi e hana ia mau hana a pau, aole pono. Ua maopopo loa i ka poe hoao a ike, he mea pono ke mahele liilii ka hana, he mea ia e mahuahua ʻi ka waiwai loaa.

Na Mea e Pono ai ke Kino.

1. E ala i ka wanaao; mai hiamoe loa a hiki ka la iluna; he mea keia e holo ai ka hana, a e pono ai ka pule, a e ikaika hoi ke kino.

2. Mai noho makaala nui i ka po, a aumoe alaila moe iho. Ina moe i ka hora 9, a hiki i ka hora 5 o kakahiaka, 8 hora pono ia. Aole pono e oi aku na hora hiamoe i keia.

3. A ala i kakahiaka, mai noho iho; e hele iwaho, i ka hana paha, i ka halawai paha. E hoolewa i ke kino iloko o ka ea. Oia kekahi mea e ikaika ai ke kino.

4. E hana i ka hale a maemae; mai noho iloko o ka hale ino, pelapela, uuku, pulu i ka wai. E hana hoi i puka makani, ma kahi lulu, i holo mau ka makani iloko, i ole e ino ka ea maloko o ka hale. Nui paha ka maʻi a me ka make o na kanaka Hawaii no ka ino o ka hale; uuku, pelapela, paa ole, inoino ka ea iloko, paapu i na kanaka.

Pono no e kau i kanawai no na hale, e pau i ke ahi na hale ino.

E kau hoi ke aupuni i kanawai, no ka noho nui ana o na kanaka iloko o ka hale hookahi, a paapu, pono ole. Ina i kapu ia, ina ua paleia kekahi kumu o ka maʻi a me ka make.

5. E imi hana, a hana mau; oia kekahi mea e pono ai ke kino nawaliwali, palupalu ke kino o ka poe noho wale. Nolaila kekahi maʻi a me ka make o na kanaka Hawaii, no ka noho hana ole. He mea nui ia.

6. E ai lohi; mai wikiwiki i ka ai ana. E ai pakiko; mai ai a maona loa, mai ai i ka ai ino, awaawa, loliloli. Mai ai nui loa i ka ia, e pakiko malaila. E ai hoi i ka wa pono, mai huikau i na manawa ai. E ai pakiko loa i ka po; ina moe ka opu piha loa i ka ai, he mea kaumaha ia no ke kino. Nolaila kekahi maʻi o Hawaii nei. I ka wa hoomakaukau e moe i ke aumoe, ai a moe iho, he hana naaupo keia; aole pela ka poe naauao. E ai pakiko ia wa.

7. E auau i ke kino iloko o ka wai; aole nae pono e noho loihi iloko o ka wai. A pau, mai moe iho ma kahi makani, ma kahi lulu ka pono.

[79]

LESSON 75

Reading Lesson

Extracts from "Ka Hele Malihini ana" (1842)

Hana aku la o Keristiano laua o Hoolohe me ka naauao a me ke akahai aole i hoino aku i ka poe hoino mai, hoomanawanui no laua i ka olelo kuamuamu mai a me ka hoohilahila i hoolei ia mai maluna o laua. O ko laua ahonui a me ka olelo hoomaikai i ka poe hana hewa mai ia laua, oia ka mea i manao aloha mai ai kekahi poe (he uuku nae) ia laua, a huli mai ai hoi ma ko laua aoao. Oia ko laua hala nui i ka manao o na kamaaina, a huhu loa ae la lakou, a ohumu ae la e make laua nei. Nolaila i olelo ai, aole ka noho pio iloko o ka hao ka hoopai ana e pono ai, aka, o ka make maoli ka uku pono no ka hoohuli ana i kanaka ma ko laua aoao. Alaila ua hoihoiia laua iloko o ka hale hao i ka manawa e kukakuka ai lakou i ka mea e hana aku ai lakou ia laua. Pela i haohaoia'i laua iloko, a paa na wawae iloko o na kupee.

Malaila no laua i hoomanao ai i ka mea a ko laua kumu aloha a Euanelite i olelo mai ai ia laua, a lilo kana olelo paipai i mea e kupaa ai ko laua manaoio. Nolaila hooluolu laua i kekahi i kekahi, me ka manao e oi ka pomaikai o ko laua mea e make imua o ka mea e hookuuia. Nolaila kuko iho la laua a elua ia pomaikai ana. Aka, hoolilo hou iho la lakou ia lakou iho i ka malu o ka Mea nona na mea a pau, a noho oluolu no ma ia wahi pilikia a nui na la.

A hiki mai ka la, e hookolokoloia 'i laua, ua laweia ae laua mailoko ae o ka hale hao, a ua hoonohoia imua o ko laua poe enemi no ka hookolokolo ana. O ke 'lii, o Inaina-i-ka-pono, ka inoa o ka lunakanawai, a o ka palapala hoopii ia laua, penei ke ano, "He mau mea ku e laua nei, a me ka hooke i ka oihana kalepa; he mau mea hoohaunaele a me ka hoomokuahana iloko o ke kulanakauhale, a ua hoohuli hoi laua i kekahi poe ma ko laua aoao, i hoowahawaha ai lakou i ke kanawai o ko lakou alii".

Alaila pane aku la o Hoolohe, "Ua ku e wale aku au i ka mea i ku e mai i ka Mea kiekie loa, ia ia wale aku no ko'u ku e ana. A no ka haunaele, aole ia'u ia, he kanaka nohomalie au. O ka poe i huli mai io maua nei, ua hoohuliia lakou i ka ike mai i ko maua oiaio a me ka hala ole, a he huli no hoi ia mai ka hewa mai a ka pono. A o ke alii a oukou i hoohiki ai, o Belezububa no ia, o ka enemi o ko makou Haku, aohe o'u makau ia ia."

Alaila ua kukalaia 'ku, Ina he mea a manao kokua i ko lakou haku ke alii, ma ka hoohewa ia ia nei e hookolokoloia 'na, e hele koke mai oia, a e hoike mai. Alaila hele mai la na mea ike maka ekolu, o Huwa, o Kuhihewa, a o Maoi. Ua ninauia mai lakou, Ua ike oukou i keia kanaka pio imua o ka aha hookolokolo? Heaha hoi ka oukou olelo kokua i ko kakou haku i ke alii?

Alaila ku ae la o Huwa, i mai la penei, E kuu Haku e, ua ike liuliu au i keia kanaka, a ua makaukau e hai aku imua o ka aha hookolokolo.

Lunakanawai—Alia, a haawi ia ia i ka hoohiki ana.

Alaila hoohiki iho la ia, a i mai la, E kuu haku, o keia kanaka he mea ano ino wale no oia, aohe lua ma keia aina a pau; aohe ona manao iki i ke alii, aole hoi i kanaka; aka, ke hooikaika nui nei oia e hoohuli i na kanaka mai ke alii aku, me ke a'o mai i na manao kipi ia ia, i na mea i kapaia e ia, he manaoio a he naau maemae. Ua lohe au i kana hai ana mai penei, Ua ku e na pono o Kristo i na pono o keia wahi, aole e kuikahi iki. Ma keia olelo, ua hoohewa mai ai ia i ka kakou mau oihana maikai, a me kakou pu nana i hana ia mau mea.

LESSON 76

Reading Lesson

Ka Moolelo o Heneri Opukahaia. (1867)

Elua aoao i hoopaapaa no ka mana aupuni o ia aina. (Oia paha o ko Kamehameha a me ko Namakeha.) Hoouka ia ke kaua, a weliweli loa ka luku ana. Hoopioia ka aoao nona ka makuahine o Opukahaia, a auhee nui aku. I ka lanakila ana mai o ko lakou mau enemi, lukuia no hoi ko laila mau kauhale. Eia nae, ua kukala e ia ka hoea lanakila ana mai o ko lakou poe enemi. Nolaila, hopu iho la ka makuakane i kana wahine, a me na keiki elua a laua, a holo aku la i ke kuahiwi. Malaila lakou i pee ai i kekahi mau la, iloko o kekahi ana. Aka, no ka nui loa o ko lakou pilikia i ka makewai, puka mai la lakou i kekahi la ae e imi i ka wai e inu. Loaa ia lakou kekahi wai mapuna e kokoke ana ilaila, a oiai lakou e inu ana, hoea hikilele mai la ka enemi. Ia manawa, ua holo koke ka makuakane, no ka pihoihoi o ka manao. Aka, ia ia e holo ana, uwe aku la kana wahine a me na keiki, a no kona aloha ia lakou, hoi mai la oia e kokua ia lakou. A i kona hookokoke ana mai ia lakou, ike ae la oia i ka enemi, ua kokoke loa mai, holo hou aku la oia. Ike ae la ka enemi i ka nui o kona aloha i kona ohana, hopu iho la lakou i kana wahine a me na keiki, a hooehaeha aku la ia lakou, i mea e hoea hou mai ai ka makuakane i loaa aku lakou ia ia. A ua ko no ko lakou manao. No ka mea, i kona lohe ana i ka uwe kumakena ana o kona ohana iloko o na lima menemene ole o ka enemi, aole hiki ia ia ke hoomanawanui hou aku. Hoi hou mai la no ia, a o ko lakou hopu no ia ia ia a pepehi pu ia ia me kana wahine. Ia manawa nae, lalau ae la o Opukahaia i kona wahi pokii a waha iho la, hoao ae la e holo aku i pakele. Aka, ua alualu koke ia a loaa, a make koke ae la kahi pokii i ka houia e ka pahoa. A o ua o Opukahaia nei, ua hoolaia nae, no ka mea, ua ike lakou, aole ia i opiopio loa, e luhi wale ai lakou i ka malama ana, aole hoi i kanaka makua ae, e makau aku ai lakou ia ia.

Nolaila, ua lilo o Opukahaia, ia manawa, i pio iloko o ka lima o na enemi, Hoihoiia aku oia me lakou, a na ke kanaka nana i pepehi i kona mau makua, i lawe pu aku iaia, a i kona wahi iho ma Kohala. Ia ia nae e noho ana malaila, loaa iho la oia ia Pahua, ke kaikunane o kona makuahine, a hoihoiia aku i Kona, a noho pu iho la me Pahua ma, a me Hina ma, ma Napoopoo. A ia ia i noho ai malaila, aoia iho la oia i ka oihana Kahuna o ka wa kahiko. He keiki hoolohe o Opukahaia, aole nae he mahiai a me ka lawaia, aole no hoi oia i a'o nui ia ma ia mau hana. O ke a'o kahuna wale no kona makemake nui, a ua lilo ia he puni nana e malama mau ai, i na po kapu o ka Hainapule. O kona mea nana i a'o i ka oihana kahuna, a Pahua no. He kahuna akamai keia i aoia e Hewahewa, ke Kahuna Nui o ka heiau o Hikiau. A loaa ia Opukahaia ka ike i na mea o ka oihana kahuna, alaila, kukulu iho la oia i kona wahi heiau pohaku maloko o Helehelekalani; a kukulu no hoi i hale maluna iho o kona wahi heiau, me ka malama ana i keia mau Akua ekolu, O Lono, o Kukaohialaka, a o Kukailimoku. A ma keia wahi heiau ana i kukulu ai, ua kanu iho no oia he mau niu ekolu, a ke ulu nei lakou, a ke hua nei. Ke ola nei no kona ohana ma Kona Hema, o Hina kona inoa, ua hele nae a kuakea ke poo i ka hina, a ua palupalu no hoi ia e noho nei.

Maanei nae, e hoi hou kakou e nana i kahi moolelo a Opukahaia i kakau iho ai no kona noho ana ma Kohala, a ma ia hope mai.

LESSON 77

Reading Lesson

Moolelo e pili ana no Kawelo. An old Kauai legend.

Ke au o Mano-ka-lani-po e noho alii ana, no ka mokupuni kailala o Kauai, e hoopumehana ia ana hoi kona poli e ka u'i Kawaikini, ka mea nona ka hooheno, e o nei a hiki i keia wa:

"Hele oe a ike i ka piko waiolu o ka Waikini,
Ike oe i ka nani o Kanehunamoku i Ulukaa,
Ka mokupuni i pohai ia e na ono like ole o ke ao nei".

Iloko o ko laua noho alii ana, no Kauai, ua hoopomaikai ia mai la laua me ka hua alii ohaha mai ko laua puhaka ae. He keikikane, oia hoi, o Mai-huna-lii-iki-e-ka-poko, no kona uuku loa. Pau pono loa ana no iloko o ka poholima; o ke alii nae, ua makolukolu. Nolaila ua kapa ia iho la e kona kahu hanai, me kela inoa aela maluna, oia o Mai-huna-lii-iki-o-ka-poko.

O ka inoa o kona kahu hanai o Holoholoku. Nana ka pana e kaulana nei, a hiki i keia wa e o nei:

"Hanau ke 'lii iloko o Holoholoku—he alii nui,
Hanau ke kanaka iloko o Holoholoku, he alii no,
Hanau ke alii nui mawaho a'e o Holoholoku, aohe alii, he kanaka ia.
Ua pau ia olelo a hiki i keia wa.

Ua hanai ihola o Holoholoku i kana moopuna alii, a nui. Ua huli ia akula ka pua kohu e pili ai me kana manai. Aole i loaa ma Kauai a puni. He nui no na wahine u'i o ka aina, mawaena o na makaainana a me na 'lii. Aka, i ka wa kahiko, na ke akua e huli ka wahine a na 'lii; nolaila, moe ihola o Holoholoku i ka po—loaa ihola iaia ka moeuhane. Olelo mai la o Ola, "E, auhea oe? Aia ka wahine o ka moopuna a kaua i ka Uhukai o Makapuu, kaikamahine a Ihiihilauakea, laua o Manana. O Malei ka inoa o ia aliiwahine. He mamo na Paao, mai Kahiki mai". Puoho aela kona hiamoe, a ike ihola oia he moe uhane ka keia. Hele akula oia imua, a pule akula i kona akua, no kona hoopomaikai ana mai iaia, make kuhikuhi ana mai i kahi e loaa ai ka wahine a kona haku alii.

A pau kona pule ana i kona akua, hea akula oia i kana wahine: "Kawailana-malie-i-Hauola, e! Ho mai i pua hau no'u, i waa no'u e kii ai i ka moopuna-wahine a kaua". Pane mai la o Hauola. "Aia ihea keia moopuna-wahine a kaua?" Pane mai la kela, "Aia i ka Uhukai o Makapuu, i ka lae hulilua o ka makani ka makani wehe poli o ka ipo. Wehe ana i ka lau o ke pili, i hale no ka hoa i komo aku ai".

Ia manawa, kuu maila o Hauola i ka pua hau. Hele akula o Holoholoku a kau ihola iluna o ka pua hau, a kanaenae aela oia i kona mau aumakua: "O Wala! o ka makani a kuu kupunakane, o Nahiu-kaka, i waiho ai iloko o ka puniu, a kau i ka pali o ka ihuiki—nona hoi keia inoa, Ka-makani Kuululu, o Kane-hee-hee! hee-hee! hee-hee! hee-he-e la! E lawe oukou ia'u a pae i Makapuu, a hoihoi mai no i keia la, a pae i Wailua nei!"

Kauoha akula oia i kona kahu, ia Ke-ne: "E kauhaua aku oe i na kanaka a puni o Kauai nei; na kane i hoouhiuhi, i pou uhiuhi, i aaho uhiuhi, e paa ai ke kanaka hale i keia la. Ko Niihau poe, ia Paakulimoku me kona poe, i moena pawehe, me ona moena makaloa, e paa ai ke kanaka hale i keia la."

Huli aela oia a pane akula i kana wahine, ia Hauola: "O oe hoi, me kou poe, ka mu ai maia o Laau, ke peke o Laukea, ka menehune o Keonepoko, e kuku oukou i kapa i keia la; ke aka aamo o Haena. (He kapa aeae loa ia, a keokeo; ke waiho nei ia kapa a hiki i keia la, i ka wai o Kapalae, e makaikai ia nei na malihini). He kilohana lau a'e ko Kamaile; he noe hahu ko na Molokama; he lau koa ko Kahilikolo; he ope ulu ko Kalalea; he lena hau ko Waiahi; mokihana ko Haupu; he mamaki ko mana wai o Puna; he peleiliahi ko Kahana".

LESSON 78

Reading Lesson

Ke Keiki Paionia. (Life of Abraham Lincoln) 1869.

No ke Kamailio ana me ka Hoalauna.

"Aloha oe, e Mr. Linekona" wahi a ka hoalauna; "I hele mai nei au e hai aku ia oe, no kekahi kanaka i makemake mai e kuai i kou aina; oiai hoi, ua kamailio iki kaua ma ia mea i kekahi la i hala 'ku nei".

I mai la o Linekona ia ia: "Ae, makemake no au e kuai i kuu aina, a e hele aku hoi ma kahi i hookauwa ole ia'i na Nika".

"Mahea oe e hele ai?" wahi a ka hoalauna.

"E hele no au i Iniana. Aole i loaa malaila ka hookauwa ana i na Nika, a he hiki no hoi i ka haole ilihune ke noho kuoko'a nona iho. Owai la ka mea makemake e kuai?"

"He kanaka no i kapaia o 'Colby'. I keia la no ko'u lohe ana i kona make-make kuai aina".

"Mahea kona wahi i noho ai?"

"Aia no kona wahi malalo ma ka muliwai, aole nae au i ike maka iaia".

"Aole oe i ike i kekahi mea e pili ana ia ia?"

"Aole, aka, eia wale no ka'u mea i ike, ua makemake nui oia e kuai i aina nona ma keia wahi; a no ko kaua kamailio pu ana hoi i kekahi la mamua 'ku nei, nolaila hoi; hoomanao no au ia oe. Ina pela kou makemake, hiki no ia'u ke kauoha 'ku ia ia, a hele mai e kuai me oe i kou aina".

"Pela no ko'u makemake, aka, aole nae au e haalele i keia wahi, a ohi mai au i na mea a pau au e kanu nei".

"Ina pela, alaila, he manawa loihi loa kona e kali ai, a kuai pu me oe i ka aina".

"Ae, hiki no ia Abe, ke hele i ke kula i mau mahina, no ka mea, ua ho-omaka oia e hele i ke kula i keia la".

"Aole i hele iki ka'u mau keikikane i ke kula. Pomaikai no au ke loaa ia lakou ka lole, a i uwe ole hoi lakou i ka pololi".

"He aneane like no ko kaua pilikia ma ia mau mea, aka hoi; no ka iini loa o Abe i ka naauao, nolaila, ua makemake no au e loaa ia ia ka heluhelu, a me ke kakaulima ana".

"Aole anei e hiki ia Abe ke noho me ka naaupo ia mau mea, e like pu hoi me kona makuakane?" wahi a ka hoalauna.

"Ua pilikia no wau i ka naaupo ana ma ia mau mea, aka hoi; pomaikai nae au ke hiki ia'u, ke haawi aku i ko'u waiwai a pau, i mea e ike hou ai au i ka heluhelu, a me ke kakaulima".

Kahaha iho la ka hoalauna, me ka i ana, "Ka! Ina owau, aole loa au e hana iki ana pela, no ka mea hoi; aole e loaa ana ka ia, a me ka lole, ma ia mea o ka naauao".

"Pela paha, aole paha, aka, aole nae o'u makemake, e naaupo o Abe, e like me au nei".

"Ina i ike ole kona makuahine i ka heluhelu palapala, ina ua pilikia loa makou maanei".

"Ua like pu no hoi kaua ma ka naaupo".

"Pela i'o no paha, aka, ua pilikia nae kakou a pau no ka naaupo; a he mea no hoi ia e hoohaahaa ana ia kakou iho, e like pu me na Negero".

"Pela anei kou manao?"

"Ae, pela no. Ke uumi nei ka poe hookauwa Nika, i ka laha nui ana o ka naauao iwaena o lakou, nolaila hoi; ma kahi i oi nui aku ai ka hookauwa Nika ana, malaila no i oi loa 'ku ai ka hupo o na kanaka. E hiki no hoi ia lakou ke hookaumaha o ka poe naaupo, e like me kakou nei, mamua 'e o ka hookaumaha ana i ka poe naauao".

"Aole pela ko'u manao".

"Aole no hoi i lokahi like ko kaua manao ma ia mea", wahi a Linekona. "Ua paa ko'u manao e hele aku ma kahi i hoohaahaa ole ia ke kanaka, no kona lawelawe ana".

[83]

LESSON 79

Reading Lesson

Hoike Akua. (1840).
Kamakamailio 1.

Kumu. E ka haumana, aole oe i hana i kekahi mea i kekahi manawa?

Haumana. Ae, ua hana wau i kekahi manawa i lupe a ua maikai ka lele ana. Na Ioane kekahi makamaka o'u i ao mai ia'u e hana ia mea.

Kumu. Heaha na mea au i kapili ai i lilo ai i lupe?

Haumana. Ka welu, kekahi mau laau liilii a me ke olona.

Kumu. Pehea kou kapili ana ia mau mea?

Haumana. Kapili wau me ka poi; alaila kau aku i ka la a maloo, a nakinaki i ke kakaiapola a me ke aho; alaila ua makaukau ia e lele aku.

Kumu. Ehia hora i hala ia oe i ke kapili ana ia mea?

Haumana. Elua hora paha, no ka hawawa. Ua kapili wau i kekahi lupe a ua hewa, a kapili hou aku no i kekahi a ua hewa. Nolaila ka hakalia. I neia manawa ina e kapili hou aku wau i ua lupe hou e hikiwawe paha, no ka mea, ua ike.

Kumu. Aole oe i hoomanao i kela lupe nui a maikai mamua aku nei a na keiki i hoolele ai ma ke alo o ka hale kula?

Haumana. Ae, hoomanao no wau. I ke ku ana o ia lupe, ua like ke kiekie me ke kanaka. A i ka lele ana aole paa i ke keiki hookahi, nui na keiki i ka paa ana.

Kumu. Ua ike oe i ka mea nana i hana?

Haumana. Kuhi au o kekahi o na keiki aole nae i ike i ka mea nana i hana.

Kumu. Ua akaka anei ia oe na kekahi keiki i hana?

Haumana. Pela ko'u manao; aka, malama ua hana kekahi kanaka makua ia mea, no ka mea, he lupe nui ia a paa.

Kumu. Ua maopopo no anei ia oe na kekahi mea no i hana ia lupe?

Haumana. Ae, ua maopopo no ia'u na kekahi mea no i hana ia lupe nui e like me ka'u hana ana i ka lupe uuku a kaua i kamailio pu ai. Na kekahi no i okioki i ka welu, a i kalai i na laau liilii, a pili pono, a nakinaki ia mau mea a paa, a kapili i ka poi a paa, a nakinaki i ke kakaiapola; ina aole he mea nana i hana ua lupe, aole he lupe.

Kumu. Ae, pela no; a eia no hoi kekahi, ina aole i kupono ka loihi a me ke kaumaha o ke kakaiapola aole no e lele ka lupe.

Haumana. Ke hoomanao nei au i ka'u hana ana i ka lupe mua, ua hana au i ke kakaiapola a ua pokole. A i kona lele ana ma ka lewa, lele pakaawili ia, a haule ma ka honua. Aole i lele pono ia a hooloihi au i ke kakaiapola.

Kumu. Ke manao nei au ua hana pinepine kekahi poe kamalii i ka lupe a no ka hana pinepine ana e hikiwawe ia lakou ke hana me ka lalau ole.

Haumana. Ae, i ko'u manao e hiki no ia'u ke hana i keia manawa me ka lalau ole.

Kumu. Ina e hiki wawe ia oe ke hana i ka lupe a maikai, a pono ke lele ana; alaila e oleloia oe ua akamai oe i ka hana ana i ka lupe. A i kona lele maikai ana ma ka lewa e hoikeia no kou akamai.

Haumana. Aia ke akamai nui ma ka hooponopono ana i ka kakaiapola.

Kumu. Pela no paha. A e pono paha ia oe ke noonoo mamua i ka helehelena o ka lupe au e hana aku ai; a e noonoo i ka welu e lawa no ka lupe a me ka nui a me ka loihi o na laau a me kahi a nakinaki aku ai i kupono ka lupe i kou makemake?

Haumana. Ae, e pono no ia'u ke noonoo ia mau mea a pau. A ina i manao wau e hana i lupe nui e like me kela lupe a na kamalii i hana ai, alaila e pono ia'u ke imi e mamua ma ka noonoo nui.

LESSON 80

Reading Lesson

Ke Ola Kino o na Kanaka Hawaii. (1881)
Ka hale noho o na kanaka Hawaii.

O ke ano o na kanaka Hawaii i ka wa i hiki mua mai ai o Kapena Kuke maanei, aole no he ano hihiu loa e like me na kanaka o na mokupuni o Inia, aole hoi he hupo a lokoino, e like me na lahui kamaaina o Amerika a o Auseteralia paha, aka, he ano hupo no, e laa me na lahui o Mesiko a me Tataria o Asia.

Hookahi haneri makahiki mamua aku nei, ua noho na kanaka Hawaii maloko o na hale pili wale no, a ua kupono no ia ano hale o lakou no ia wa, i mea e malu ai i ka wa ua a me ka wa anu. Aka, o na hale haiki o ka wa kahiko, he mea ia e pono ole ai ka launa maemae ana o na kanaka, a me ke ola kino no hoi, i ka wa i hoomaka ai ka lahui e noho naauao ae.

I ka makahiki 1778 a mamua aku o ia manawa, he hele wale iho na kanaka Hawaii iwaho, i ka la a me ka makani, i ka hapanui o ka manawa, a e lawelawe ana no hoi iloko o ke kai; oiai ia wa, he uuku na wahi aahu, ua malo maikai kona kino olohelohe a konekonea no hoi, iloko o na pupupu hale pili.

He oko'a loa na'e ka noho ana o na kanaka naauao o ka makahiki 1878; ua aahuia na lole a pau e aahu ia nei e na lahui malamalama; ua nui na ano mea ai a na haole e ai mau ia nei; ua liuliu iki ka noho ana iloko o na hale, e like me na haole, a ua ano kakaikahi mai ka lawelawe ana iloko o ke kai. Nolaila, he mea pono i na kanaka Hawaii o keia wa, e hana i hale nui a akea, e pale loa aku i ka makani a me ka ua, a i oi loa aku ka paa mamua ae o ko na kupuna o 1778.

Ua hoomaopopo ia e na kanaka Hawaii o keia wa, ka pomaikai o ka loaa ana o na hale akea a paa no hoi e noho ia nei.

Ma na aina malamalama a Karistiano no Europa, iloko o na makahiki he nui kaahope ae, e hiki wale i keia wa, ke mau ala no ka noho ana o ka hapanui o ko laila poe mahiai iloko o na pupupu hale i hanaia me ka lepo a me na pauku laau; a pela no me na negero he lehulehu e noho la ma Amerika, i ao ia ma ka aoao Karistiano, a hiki wale i keia la, ua oluolu no ko lakou noho ana iloko o na hale pauku laau, i paiia me ka lepo, a o ka papahele he lepo no, oiai, ua nui na papa laau malaila, a he emi no hoi ke kumukuai, malalo o ke keneta hookahi no ke kapuai.

Aka, o na kanaka Hawaii, elua a ekolu paha hanauna mai ka wa pouli a hupo o na kupuna, ke kukulu nei lakou me kela a ma keia wahi o ka pae aina, he mau hale laau maikai no lakou, me na puka aniani, me na uhi pili laau, a me na papahele laau; oiai, ua pa ekolu a elima paha ke kiekie o ke kumukuai o ia mau lako hale maanei mamua ae o ko na aina e. Ua kakaikahi loa na wahi hale pili i koe i keia wa; a o ka hapanui o na kanaka Hawaii, ke noho nei iloko o na hale laau i hoopaa pono ia oluna me na pili laau.

O ke kumumanao i kakau ia ai keia mokuna, oia no ke kuhikuhi pono ana i kekahi mau mea hou e hana aku ai maloko o na hale laau o na kanaka Hawaii, i mea e loaa mai ai ke ola kino maikai a me ke kulana kiekie o ka noho'na malamalama. Ina ua akea ka hale, ua nui kahi palahalaha o ka papahele, a ua kulu ole ka hale, he mau pono nui no ia, aole nae i lawa loa. E hana i mau keena kupono maloko o ka hale, i kaawale loa ai na wahi moe o na kane mai na wahine aku. Ina aole e hookakaawale ia na keena o na hale ma ia ano, alaila, ua hapa pu wale no ka noho'na malamalama o ka lahui, a pela no hoi me ke ola hapa maikai o ke kino.

LESSON 81

Reading Lesson

Laieikawai. (1888)

Mokuna XII. Mamuli o ka hialaai loa o ke aliiwahine i keia mea kani a Kahalaomapuana, kena hou aku la oia i ke kaikamahine e hookani hou, aka i aku la o Kahalaomapuana, "Aole e kani hou ana keia mea, no ka mea, ua ao loa, oiai o ka po wale no kona wa kani, aole e kani i ka manawa ao."

A no keia olelo a ke kaikamahine, ua kahaha loa ka manao o ke alii-wahine me ka manao, he wahahee na ke kaikamahine; ia wa, lalau aku la o Laieikawai i ka pu lau-i a hookani iho la, a no ka maa ole o ke aliiwahine i ka hookani ana i keia mea kani, aole i loaa ke kani, nolaila, hoomaopopo iho la ia aole i'o no e kani keia mea i ke ao, aia wale no a po. Olelo aku la o Laieikawai ia Kahalaomapuana, "E hoaikane kaua, a ma ko'u hale nei oe e noho nei; e lilo oe i mea punahele na'u, a o kau hana ka hoolealea mai ia'u".

Olelo aku la o Kahalaomapuana, "E ke alii e, ua pono kau olelo, aka, he mea kaumaha ia'u ke noho me oe, a e loaa ana paha ia'u ka pomaikai, a o ko'u mau kaikuaana e noho auanei paha lakou iloko o ka pilikia".

"Ehia ko oukou nui, a pehea ko oukou hiki ana maanei?"

Olelo aku la o Kahalaomapuana, "Eono ko makou nui, a na makua hoo-kahi; o ka makou ono he keikikane, he elima makou kaikamahine; o ke keikikane no ko makou mua loa, a owau no hoi ko makou muli loa. A ma ka huakai a ko makou kaikunane, oia ko makou kumu i hiki mai ai ma keia wahi; a no ka loaa ole ana ia makou o kona makemake, nolaila, ua haalele kela ia makou, a ua hoi aku la me kona kokoolua, a ke noho kuewa nei makou iloko o keia waonahele".

Ninau mai la o Laieikawai, "Nohea mai oukou?"

"No Kauai mai makou," wahi a Kahalaomapuana.

"A owai ka inoa o ko oukou kaikunane?"

Hai aku la kela, "O Aiwohikupua?"

"Owai ko oukou mau inoa pakahi?"

Hahai aku la no hoi kela ia lakou a pau.

Hoomaopopo iho la o Laieikawai o lakou no ka poe i hiki mai ai i kela po mua. I aku la o Laieikawai, "O kou mau kaikuaana a me kou kaikunane, ua maopopo ia'u, ina nae o oukou ka i hiki mai i kela po aku nei la; aka, o oe ka'u mea i ike ole".

"O makou no", wahi a Kahalaomapuana.

I aku la o Laieikawai, "Ina o oukou ka i hiki mai i kela po, alaila i alakai ia oukou ma keia wahi".

"He kamaaina no ko makou mea nana i alakai mai i keia wahi, oia hoi kela wahi kanaka i olelo mai ai ia oe no Kauakahialii".

A pau ka laua kamailio ana no keia mea, kauoha aku la oia i kona kahu e hana i hale no na kaikuahine o Aiwohikupua; ma ka mana nae o kona kupunawahine (Waka) ua paa koke ka hale.

A makaukau ka hale, kena aku la o Laieikawai ia Kahalaomapuana, me ka i ana, "E hoi oe a kahi po, hele mai oukou me ou mau kaikuaana, i hookani mai ai oe i kau mea lealea ia kakou".

A hala aku la o Kahalaomapuana a hui me kona mau kaikuaana, ninau mai la kona kaikuaana iaia, "Heaha kau hana i kou hui ana me ke alii?"

Hai aku la oia, "Ia'u i hiki ai a ma ka puka o ka halealii, wehe aku la kahi kuapuu i ka puka o ka halealii, i ko'u ike ana aku nei i ke alii, a kau mai ana iluna o ka eheu o na manu, ua piha ia wau me ka eehia a me ka maka'u. a haule aku la wau ilalo o ka lepo. No keia mea, kii ia mai la wau a komo aku la e kamailio me ke alii, a hana aku la wau i ka makemake o ke alii; ua ninau mai kela no kakou ua hai aku au i na mea a pau".

LESSON 82

Reading Lesson

A'oheluhelu (1885)
No ke Ku ana mai o Vanekouva.

Hiki mai o Vanekouva i Hawaii nei i ka la 3 o Maraki, i ka makahiki 1792, he umikumamaha makahiki ia mahope mai o ke ku ana mai o Lono. Ma Kealakekua kahi i hiki mai ai; aole nae i ku ka moku, kalewa wale no. Ninau o Vanekouva no Kalaniopuu, haiia aku ua make, a o Kamehameha ke alii mahope ona. Holo aku o Vanekouva ma Oahu, a ku ma Waikiki, a malaila aku a ku ma Kauai. Ike oia ia Kaumualii, he kamalii wale no oia ia manawa.

Hoike oia malaila i ke ahikaolele, a mahalo nui na kanaka me ka maka'u. Holo oia malaila aku a i ka aoao Komohana Akau o Amerika. I keia ku mua ana mai o Vanekouva, aole oia i halawai me Kamehameha. Elua mau mea a Vanekouva i loaa mai i keia ku ana mai ona; he mau lole ula elua, i mahalo nuiia e ko Hawaii nei. Ua kapaia kekahi lole o Kekupuohi, a ua kapaia kekahi lole o Keakualapu, no ka ula o ka lole i kapaia aku ai pela.

Olelo o Vanekouva, i keia ku ana mai ona, ua emi loa na kanaka a me na 'lii, aole nui e like me lakou i ka hiki ana mai o Lono. I ka holo ana o na moku o Vanekouva mai Hawaii aku a Oahu, holo oia a ku ma Waikiki; aka, o kekahi moku ona, holo aku la ia ma ka aoao o Oahu, a malaila i pepehiia ai ke alii moku a me ka mea ao-hoku. Eia ka moolelo no ka make ana.

I ka holo ana o ua moku la ma Koolau, Oahu, ike ae la na kanaka i keia mea nui e holo ana ma ka moana, makahehi aku la na kanaka i keia mea nui kupanaha loa, a kahea aku la na kanaka penei: "Ka puko'a nui e nee ae nei e!" Holo ka moku makai, hele no hoi na kanaka mauka, e hooho hele ai, "Ka mea nui e! ka mea nui e!" a hiki kokoke i Waimea, ma ka akau o Waialua.

Hiki ae la iwaho o Waimea, hoomakaukau iho la na kanaka o ka moku i na pahu wai, a i mau mea eha kekahi na lakou, i mau pahi, a hookuu iho la i ka waapa o lakou i ke kai, a holo mai la iuka o Waimea. O ka wai ka mea i manao nui ai lakou e holo iuka, ua kokoke paha e hapa wale ana no. Holo mai la lakou a pae iuka o Waimea. Aole i pepehiia i ke kau ana mai iuka. Ku nae na kanaka ma ka pahu. Ukuhi iho la ua poe haole nei ma ka nuku o ka muliwai, a no ka awaawa o ka wai, hookoni hele aku la lakou i kahi e ono ai ka wai.

Hoau hele aku la lakou i na pahu a lakou, pela no ka hana ana, a hala loa iuka o ka muliwai. Ukuhi iho la a piha na pahu, hoau ae la kekahi poe haole ma ka muliwai i na pahu a lakou; hele ae la hoi kekahi mau haole mauka ma kapa o ka muliwai, a o ua mau haole la mauka ka i make. Hele ae la ua mau haole la a hiki i kahi paapu o kanaka, alaila, manao iho la na kanaka e pepehi. Hikau aku la na kanaka i ka pohaku. O kekahi kanaka, o Kapaleaiku ka inoa, nou aku la i ka pohaku, a pa i ka auwae o kekahi haole a hina ia ilalo.

A ike na kanaka o kela kapa ua hina ka haole ilalo, naholo mai la lakou ma keia kapa a pepehi i na haole. Pepehi iho la na kanaka, a uwe ae la ua mau haole la no ka eha. I iho la kekahi kanaka, "Ke uwe ae nei, he kanaka no paha, ka i-noa he akua i ke alohilohi o na maka". Pepehi iho la na kanaka ia laua. I ae la kekahi kanaka, "E akahele ka pepehi mai o oukou i ke akua, o Lonoikaoualii na, he akua, ua make aku la o Lono nui i Hawaii, koe mai nei o Lonoikaoualii, o Pekeku nui ikaika keia he akua".

LESSON 83

Reading Lesson

Kanawai a Kamehameha III (1846)
No na Halemalamalama, a me na Mouo, a me na Kowa.

Pauku 1. Ina palapala aku ke Kuhina Kalaiaina i kekahi Kiaaina ma ka inoa o ka Mo-i, alaila, hiki no i ke Kiaaina ke hana i Halemalamalama a i Mouo paha, i mea kuhikuhi aku i na moku i ka po. Nolaila, pono e kauohaia'ku lakou e hoike ae i ka nui o ka waiwai lilo ke hanaia, a me ka nui o ka waiwai loaa mai i ke Aupuni no ia Halemalamalama, a Mouo paha, ke auhau pu ia me ke dala o ke Awa.

Pauku 2. Ina ike kekahi Kiaaina, he mea e pono ai ke kuai nui ana ka hana ana i ka Halemalamalama, a me ka Mouo paha, a hoakaka ke Kiaaina pela, alaila, e hana hoolimalima ia me ka mea i emi mai kona koho ana, mahope nae o ka pai ana i ka olelo e like me ka hoakaka ana ma ka Haawina mua o keia Mokuna.

Pauku 3. Pela no hoi na Kiaaina e ana'i na Awa, a me na Kaikuono, a me na Kowa o ko lakou mau Mokupuni, ke kauohaia lakou pela e ke Kuhina Kalaiaina. E hana nae ke Kiaaina mamuli o ka olelo hoolimalima a ua Kuhina la; a ina pela ka olelo, e haawi ke Kiaaina i ka mea nana e ana, i waapa, a me na kanaka kokua, a na ke Aupuni e uku; na na Kiaaina e hoike mai i ka lilo.

Pauku 4. O na Palapala aina, a me na kii o ia mau ana ana, e waihoia ia no ka Oihana Kalaiaina iloko o ka Waihona o na hana maikai hou maloko o ka aina.

No na Hana Noonoo wale ia.

Pauku 1. Ina i kekahi manawa, koe kekahi hana maloko o kekahi Mokupuni, aole hoakakaia ma ke Kanawai, aole hoi i haawiia i kekahi mea e ae, alaila, pono no i ke Kuhina Kalaiaina ma ka inoa o ka Mo-i ke kauoha aku i ke Kiaaina o ia Mokupuni e hana.

Pauku 2. Pono ke Kuhina Kalaiaina i kana kauoha ana no ia hana e kuhikuhi, a e a'o pololei aku i ke Kiaaina ma ka palapala i ke ano o ka hana ana ia mea. Aole nae e manaoia kekahi olelo i oleloia iloko o keia Haawina, ua haawi aku ia i ka hana a kekahi Luna i kekahi, aole hoi e hooiaioia ka hana a kekahi, ke haawi ke Kanawai i kela hana na kekahi.

Pauku 3. A loaa ke Kiaaina kela olelo a'o i kakauia nana, alaila, a hana koke ia e like me ka olelo, a e hoike koke mai hoi i ka Mo-i ke ano o kana hana ana, o hoopaiia auanei ia e like me ka olelo iloko o ke Kanawai hoonohonoho i Kuhina alii ma keia Pae Aina; maloko ae o ke Kuhina Kalaiaina e hoike ai.

No na Hana i Hoakakaia.

Pauku 1. O na hana i pili i kekahi o na Kuhina i oleloia iloko o ke Kanawai hoonohonoho i mau Kuhina alii, ina i hana kekahi o na Kiaaina i kekahi o ia mau hana, pono ia ia ke hoike pololei i na mea a pau ana i hana 'i mamuli o na Kanawai o keia Aupuni, a ina ole hoakaka ke Kanawai i ke Kuhina nana ia wahi olelo, a hoike ke Kiaaina i ka olelo no ia mea i ke Kuhina Kalaiaina, ke olelo ka Mo-i ia ia e hana, e like hoi me na mea i oleloia maloko o ka Mokuna eha o keia Apana. A ina hoole kekahi Kiaaina, a hana ole paha e like me ia i kauohaia 'i, a hana kapulu paha, a hewa, a pono ole paha, alaila, o ke Kiaaina i kue pela i ka Mo-i olelo, hiki no ke hoopii, a hoohewa, a hoopai ia ia e like me ka olelo i oleloia iloko o ke Kanawai hoonohonoho i Kuhina alii.

VOCABULARY
Hawaiian—English

A

a adv. when, then, there, until
a conj. and, then, and when
a n. jawbone
a prep. of, to
a v. to burn
aa adj. burning, raging
aa n. broken lava
a'a v. to brave, dare, venture
aa n. a dumb person
a'a n. small root, pocket, bag, vein, artery
aaho n. small stick for thatching
aahu v. to clothe
aahu n. a garment, cloak
aai adj. spreading, increasing
aaka adj. illiberal, fault-finding
aaki v. to bite
aala n. pleasant odor
aalele n. artery
aalolo n. a nerve
aapua n. quiver
ae v. to assent
ae n. assent, agreement
ae adv. separately, apart from, immediately succeeding, oblique motion
aeae adj. comminuted, small, fine
ae'a n. a vagabond, adj. erratic
aekai n. shore line
aelo adj. rotten, applied to eggs
aenei adv. now, just now, here, hereabouts
aeto n. eagle
aha inter. pron. what? why?
aha n. cord, assembly, company
ahaaina n. a feast
aha'i v. to carry off, take away
ahamele n. concert
ahaolelo n. legislature, council
aha'ilono n. a survivor
a-he adv. and interj. indeed, really!
ahea adv. when? (future time)
aheahe n. light breeze
ahewa v. to condemn, censure
ahi n. fire, the albicore
ahiahi n. evening
ahiahi v. to defame
ahinahina adj. gray
ahiu adj. wild
aho n. a cord, line, patience
aho v. to be patient, it is easier, it is better
ahole n. a fish like the perch
ahonui adj. patient
ahu n. a place for storing things, a heap of stones
ahua n. an elevated place, a ford
ahulau n. pestilence

ahui n. a number of things; a bunch, cluster
ahulu adj. overdone, spoiled
ahupuaa n. a division of land
ahuula n. a red-feathered cloak
ahuwale v. to be in plain sight
ai a suffix, the relative particle
ai v. to eat
ai n. food
a-i n. the neck
aiá adj. ungodly, irreligious
aia adv. there, referring to place; then, referring to time
áia interj. exclamation of admiration or surprise
a'ia'i adj. bright, fair
aialo n. the attendants of the chief
aie v. to owe, to be indebted
aihamu v. to eat the fragments
aihea adv. where?
aihue v. to steal
aikane n. a friend
aikena v. to be fatigued
aimoku n. a chief, governor
aina n. land, country
ainapuniole n. hemisphere
ainoa v. to eat freely
aka particle, meaning carefully, e.g., akahele, go carefully
aka n. a shadow
aka v. to laugh
aká conj. but, if not, on the other hand
akaaka v. to laugh
aka'akai n. bulrushes, onion
akahai adj. modest
akahele v. to go moderately
akahi n. the number one
akaka v. to be plain, clear
akaké adj. spry, light
akakú n. a vision, trance
akala n. raspberry, a pink color
akamai adj. skillful, wise, expert
akau adj. the right side, north
ake n. the liver
ake v. to desire
akea adj. broad, open
ake'ake'a v. to hinder, to obstruct
akekeke n. the turnstone bird
akemama n. the lungs
akena v. to boast
akeukeu adj. active, ready
aki v. to bite
aki n. the canoe stools
ako v. to cut, shear, thatch
ako'ako'a n. coral
akoakoa v. to assemble

aku the verbal directive, away from the speaker

aku n. the bonito fish

akua n. God, deity

akule n.scad, pampano fish

ala n. a path, way, road

alá n. a round, smooth stone

ala v. to wake from sleep, to rise up

ala adj. perfumed, aromatic

alaala n. the spawn of the squid, scrofula

alae n. the mud hen

alahaka n. a ladder

alai v. to obstruct

alaila adv. there (place), then (time)

alaka'i v. to lead

alako v. to drag, to lead

alalá n. the crow

alamihi n. the small black crab

alana n. a present made to a chief or a god

alani n. the orange tree

alanui n. a highway

alaoma v. to swallow greedily

alapahi n. slander, a lie

alapii n. a ladder, stairs

ala-u v. to knock

alaula n. early dawn

alawa v. to look on one side and on the other

alawi v. to take away

ale n. a wave at sea

ale v. to swallow

aleale v. to stir up, as water

alelo n. the tongue

alia v. to wait, to stop

alia adv. before long, by and by

aliali adj. white

alialia n. salt bed

alihilani n. horizon

alii n. a chief

alikealike adj. precisely alike

alikealike n. one-half, resemblance

alina n. a scar, a blemish

alo v. to dodge, elude

alo n. the front, the face, the presence of

alodio n. real estate

aloha v. to love, have affection

alohi v. to shine

alohilohi adj. shining, clear

alu v. to relax, hang down, to unite forces

alualu v. to follow

alualu adj. loose, flabby, wrinkled

alualua n. a rough road

aluka v. to mix confusedly

alunu adj. covetous

ama n. the outrigger of the canoe

amaama n. the mullet fish, between six and twelve inches

amana v. to give authority to

ama'uma'u n. a large fern

amama n. word used at the end of a prayer

amana n. gallows

amara (mod.) n. blacksmith

ami n. a hinge, joint

amo v. to carry on the shoulders, to wink (eye)

amuamu v. to curse, to revile

ana v. to measure

ana n. cave, a model, a measure

ana part. the participle, like "ing" in English

ana pron. the possessive case, third person, singular pronoun, of him, of her, of it

anaaina v. to survey land

anaaná v. to practice sorcery

anae n. large mullet

anahonua n. geometry

anahulu n. a period of ten days

anaina n. an assembly

anai v. to rub

anana n. a fathom, six feet

anapa v. to gleam, to shine

anapau v. to dance, to frisk, to caper

anawaena n. diameter

ane adv. scarcely, barely, not quite

aneane adv. nearly, almost

anei adv. a sign of a question

anemoku n. peninsula

ani v. to beckon, to blow softly

aniani n. a glass, mirror

ano n. likeness, character, meaning

anó adv. at the present time, now

anoai n. a form of salutation

anoai adv. possibly, perhaps

anoano n. seeds

anoano n. a solemn stillness, a sacred place

ano-e v. to be unlike, different

anoho n. a form of tabu

anonanona n. the ant

anoni v. to mix together

anoninoni adj. uncertain, doubtful

anu adj. cold

anuenue n. the rainbow

anuu n. steps, stairs

anuhe n. caterpillar, worm

ao n. cloud, daylight, the world

a'o v. to teach

aoao n. side, mode of living, page

aole adv. no, not, not at all

a'ohokú n. astronomy

aouli n. the sky

apaapa adj. unsettled, false, careless

apa'apa'a n. a strong wind off Kohala

apana n. a portion, piece, district

apiki adj. roguish, mischievous

apoapo v. to seize (as fear)

apo v. to catch, embrace, receive

apo n. ring, band

apono v. to ratify, to favor, to approve

apopo adv. tomorrow

apu n. a cup, a file, violence

apua v. to be disloyal, to disobey

apuepue v. to force, strive, contend

apuka v. to cheat, defraud, forge

apuupuu adj. rough, hilly

au n. tide, current

au n. a period of time, era

au v. to swim

a'u n. the sword-fish

a'u pron. first person, possessive—of or by me

au pron. second person, possessive—of you

au pron. first person, nominative case —I

aua adj. close, stingy, contracted

auamo v. to carry on shoulders by a stick

auanei adv. soon, by and by, hereafter

auau v. to bathe

auhau n. a tax

auhaupuka n. a beggar

auhea adv. where?

auhee v. to run away, to flee from danger

aui v. to decline, to decay

auina la n. afternoon

aukuu n. the night heron

aulana v. to cross a stream

aulii adj. neat, nice, excellent

aumakua n. a class of ancient gods

aumeume v. to contend, to strive

aumoe n. midnight

auna n. a flock of birds

aupuni n. government

auwaa n. a fleet of canoes

auwaalalua n. Portuguese man-of-war

auwae n. the chin

auwaha n. a ditch, a channel

auwaha adj. concave

auwai n. a ditch, water course

auwana v. to wander, go astray

auwe an exclamation of emotion, "alas"

awa n. a port, harbor

awaawa adj. bitter, sour, salty

awahia adj. bitter, sour

awakea n. noon

awapuhi n. the ginger

awawa n. a valley

awe v. to bear, to carry

aweawe n. the tentacles of the squid

awe'awe'a adj. indistinct, faint

awai n. a platform, pulpit

awihi v. to wink one eye

awili v. to mix, to twist together

awiwi v. to hasten, to hurry, to be quick

E

e adj. different, other, new, strange

e adv. from a place, away, beforehand, oppositely

e interj. an exclamation, sign of distress, calling attention

e prep. through the help of, by

ea interj. calling attention

ea n. a species of turtle, air, breeze, wind, breath of life

ea v. to become erect, to rise up, to rise in sight

eaha inter. pron. what? how?

e'e v. to mount, to embark

e'ehia n. fear, dread, reverence, awe

eepa n. forgery, deceit

eha v. to be hurt, sore, to suffer

ehá adj. four

eheu n. a wing

ehia adv. how many? how much?

ehiku adj. seven

ehu adj. sandy-colored, reddish hue, ruddy

ehu n. spray, vapor, steam

eia adv. here, this place

einei interj. I say!

eiwa adj. nine

eká n. a hand of bananas

eka adj. filthy, dirty

ekaha n. bird's nest fern

ekake n. a donkey, an ass

ekalesia n. a church organization

eke n. a bag, a sack

ekemu v. to utter, to reply, to answer

ekeeke v. to be in pain

ekolu adj. three

eku n. the bow piece of a canoe

elau n. top, tip, end

eleele adj. black

elele n. messenger, delegate

elelo n. the tongue

elelú n. a cockroach

elemakule n. an old man

elemihi n. a common black crab

elepaio n. flycatcher bird

eleu adj. nimble, active, quick, alert

eli v. to dig

elima adj. five

elo adj. saturated with water

elua adj. two

emi v. to recede, to diminish

emo n. a waiting, a delay

emoole adv. without delay, suddenly

enaena adj. to be hot, to burn

enuhe n. a worm

eo v. to be victorious

e-ó v. to answer to a call

eono adj. six

epa adj. false, deceitful

eu v. to rise, to get up

eu adj. meddlesome, roguish

ewaewa adj. unequal, irregular, unjust
ewalu adj. eight
ewe n. the navel string

H

ha n. air, footstalk, a trough, water pipe
ha v. to breathe
haa n. a dance, a dwarf
haae n. saliva, spittle
haahaa adj. low, humble
haaheo adj. proud, haughty, lofty
haakei adj. proud, scornful
haalele v. to leave, to desert, to forsake
haaliki v. to waste time in talk
haalo'u v. to mourn, to sigh
haalulu v. to tremble, to shake
haanou adj. boasting
haanui v. to boast
haapuka v. to gather wrongfully
haawe v. to carry on the back
haawi v. to give
haawina n. a gift, a lesson, a talent
hae adj. wild, furious, cross (animals only)
hae n. flag
haehae v. to tear, to rend
haele v. to go, to come
haeleele adj. brown
haha v. to breathe hard, to feel
hahai v. to follow, to pursue
hahana adj. very warm
hahao v. to put in, to throw in
hahau v. to whip, to scourge
ha'i pron. another, another person
ha'i n. a break, a fracture
hai v. to tell, to inform
haia'o n. a sermon, a discourse
haiinoa n. a noun
haiki adj. narrow, pinched, scanty
hailiili v. to curse, to revile
hailima n. the elbow, cubit (measure)
hailona v. to cast lots
hailuku v. to destroy
haina v. to tell, to speak
hainaká (mod.) n. a handkerchief
haiolelo v. to make a speech or address
haipule adj. pious, religious
haka v. to stare at a person
haka n. a ladder, a hen roost
hakahaka adj. full of holes, empty
hakáká v. to fight
hakalia adj. dilatory, slow
hakeakea adj. yellowish
haki v. to be broken
hakilo v. to observe narrowly, to spy
hakina n. a remnant
hakokó v. to wrestle
haku n. lord, master, ruler

hakuma adj. dark, ominous
hala n. sin, transgression
hala v. to miss, to pass, to err
halau n. a long house, a canoe-shed
halawai n. a meeting
halawai v. to meet, to assemble
hale n. a house
halakahiki n. a pineapple
halahí v. to dodge a missile
haleaina n. a restaurant
halelú n. a Psalm
hali v. to bear, to carry
hali'a v. to have fond recollection
halii v. to spread
haliu v. to turn, to listen
halulu v. to roar
halula adj. calm
hamama v. to open, to gape
hamau adj. silent
hamo v. to rub gently
hamu n. fragments that remain
hamumu n. an indistinct sound
hana v. to work, to make, to do
hanahanai n. brow of a hill
hanai v. to feed, to rear, to raise
hanamana n. a miracle
hanau v. to be born
hanauna n. a generation
hanini v. to pour, to spill, to overflow
hanó n. cough, asthma
hanu v. to breathe
hao v. to rob
hao n. robber, iron
ha'oha'o v. to doubt, to marvel
haohao adj. young (coconuts)
haole n. foreigner
hapa n. a fraction
hapai v. to carry, to bear
hapahá n. a quarter
hapaku'e v. to stammer
hapala v. to defile, to besmear
hapanui n. the majority, most
hapapa adj. shallow, superficial
hapa'upa'u adj. besmeared, dirty, filled with dust
hapu'u n. tree fern
hau n. breeze, dew, snow, a kind of tree
hauhili adj. false, blundering, loose
hauka'e adj. foul, unclean, wicked
haukeuke n. sea urchin
haulani v. to plunge, to be restless
haulaula adj. reddish, pink
haule v. to fall
Haulelau n. Fall
hauli adj. dark green, blue, or brown
haumakaiole adj. extreme old age
haumana n. a disciple, a student, a follower
haumia adj. unclean, filthy
hauna n. bad smell
haunaele n. disturbance, commotion

hauoli n. joy, gladness

haupia n. arrow-root and coconut milk pudding

haupu n. excitement of thought

hawanawana v. to whisper

hawane n. fruit of the loulu palm

hawawá adj. awkward, unskillful

hawele v. to tie on

he the indefinite article—a

he n. grave, burial-place

hea v. to call

hea interrog. which? what? where? when?

hea adj. reddish

heahea adj. fine-looking

heaha adv. what?

hebedoma (Greek) n. a week

hee v. to melt, to flow, to flee

hee n. the squid

heenalu v. to ride on a surf board

hehelo v. to be reddish brown

hehena adj. insane, raving mad

hehi v. to tread upon, to trample down

hehu v. to uproot

he-i n. the papaia tree, the fruit

hei n. a net, snare

heiau n. ancient temple

heihei v. to run a race

hekau n. a towline, rope, anchor

hekili n. thunder

hele v. to walk, to go, to move

helehelena n. appearance of a person, the face

helelei v. to be scattered, to be dispersed

heleuma n. an anchor

helewale v. to be naked, to go without any purpose

helu v. to scratch, to paw, to count

heluhelu v. to read

hema adj. left, south

hemahema adj. awkward, not expert

hemo v. to be loosened

hemolele adj. perfect, holy

henehene v. to laugh at, to mock

hepa adj. idiotic, imbecile

heumiki adj. comely

hewa n. sin, error, fault

hi v. to purge

hia-a adj. wakeful, watchful

hiahia n. dignity, pride

hiaku v. to fish for aku

hiamoe v. to sleep

hiapo n. the first-born child

hiehie adj. good, lively, proud

hihi v. to branch out, to spread out

hihia n. difficulty, trouble

hihimanu n. the sting-ray

hihi'o n. a vision

hihiu adj. wild, strange, unfriendly

hii v. to carry in the arms

hiilani v. to exalt, to praise

hiipoi v. to tend and feed, to take in arms

hikaká v. to reel in walking

hikau v. to throw without aim

hiki v. to arrive, to be able

hikie'e n. a raised platform for sleeping

hikii v. to tie, to bind

hikilele adv. suddenly, quickly

hikina n. the east

hikiwale adv. accidentally, by chance

hikiwawe adv. quickly, without delay

hiku adj. the seventh

hilahila adj. ashamed

hili v. to braid, to string, to twist, to wander

hilihili v. to smite frequently

hilikau adj. careless, stumbling

hilina'i v. to lean upon, to trust in

hilo v. to twist, to turn

hilu adj. still, quiet, dignified, neat, elegant, magnificent

himeni (mod.) n. a hymn

hina v. to fall from an upright position

hina adj. gray, hoary-head

hina'i n. a container, a basket

hinalo n. flower of the pandanus

hinawenawe adj. feeble, thin, spindling, slender

hinu adj. smooth, polished

hiohiona n. features, gait, form, face, presence

hi-o adj. leaning, oblique

hiolo v. to tumble down, to fall over

hipa (mod.) n. a sheep

hi'u n. the fin of a fish

hiwa adj. black, green

hiwahiwa adj. precious, beloved

ho v. to transfer

ho (mod.) n. hoe

hoa n. a companion, assistant

ho-a v. to set on fire

hoaahu v. to clothe

hoahele n. a fellow traveller

hoahanau n. a kinsman, a church member

hoahu v. to lay up

hoailona n. a mark, a sign

hoakaka v. to make plain, to interpret

hoakuká n. a counsellor

hoala v. to raise, to arouse

hoalauna n. a neighbor

hoaloha n. a friend

hoàlohaloha v. to give thanks, to pay respects to

hoano v. to reverence, to hallow

hoa'o v. to make a trial, to taste, to test

hoapaahana n. a fellow worker
hoapili n. a close companion
hoapono v. to approve
hoau v. to float
hoe n. a paddle, an oar
hoea v. to be in sight, to have arrived
hoeha v. to cause pain
hoeuli n. the rudder of a boat
hoemi v. to diminish
hohe v. to lack courage, to be a coward
hohola v. to unfold, to spread
hohono v. to smell strongly
hohonu adj. deep
ho'i adv. also, besides, indeed
ho'i v. to go back
hoihoi n. joy, gladness
ho'iho'i v. to restore, to bring back
hoihope v. to go back, to return to former things
hoike v. to cause to know, to show, to make a display
hoikehonua n. geography
hoikeike v. to make known
hoiliili v. to collect, to lay up
hoino v. to censure, to harm, to reproach
hoka adj. hopeless, disappointed, thwarted
hoka'e v. to rub or blot out, to mar
hokai adv. disorderly, wickedly
hoki (mod.) n. a mule
hokii n. tuberculosis
hokio v. to play on the pipe
hokú n. a star
hokulele n. a meteor
hokuloa n. the morning-star
hokua n. back of the neck between the shoulders
holehole v. to strip off, to peel
hola (mod.) n. an hour
holo v. to move quickly, to run, to sail
holoholo v. to promenade
holoholona n. an animal
holoholoolelo v. to gossip
holoi v. to wash, clean, scrub
holole'a v. to run fast
holomua adj. progressive
holooko'a adj. collective
holopono v. to succeed
holowaa n. box, chest, coffin
holowale v. to flee without cause or danger
holua n. a sled, a sliding-place
holuholu adj. springy, elastic
homai v. to bring hither
honehone adj. teasing, fretting
honi v. to touch, to smell, to taste, to kiss

hono n. a stitching, a sewing, the back of the neck, place where the wind is reflected back
honowai n. a place of meeting of relatives
honu n. a turtle
honua adj. preceding, going beforehand
honua n. land, the earth
honua adv. naturally, thoroughly, freely, wholly
hooakamai v. to make wise
hooemi v. to diminish
hoohaahaa v. to make humble, to make low, to abase
hoohainu v. to give drink to
hoohakalia v. to delay, to detain
hoohala v. to cause to miss the mark, to dodge, to pass
hoohalahala v. to find fault
hoohalike v. to compare with, to copy
hoohalua v. to lie in wait for
hoohana v. to cause to work, to employ
hoohanohano v. to extol, to glorify
hoohauhili v. to blunder in speaking
hoohaumia v. to pollute, to deface
hoohaunaele v. to cause a disturbance
hoohauoli v. to cause joy
hoohee v. to cause to melt
hoohei v. to lasso, to ensnare
hoohenehene v. to mock, to ridicule
hooheno v. to coax, to tease
hoohewa v. to condemn, to punish
hoohiehie v. to be proud, to be vain
hoohihi v. to entangle
hoohihia v. to perplex, to embarrass
hoohiki v. to vow, to swear, to revile
hoohilahila v. to be modest, to be ashamed
hoohiolo v. to cause an overthrow
hoohiwahiwa v. to be beloved, to honor
hooho v. to shout, to cry out
hoohoa v. to make a friend of, to challenge
hoohoka v. to disappoint
hooholi v. to make a first appearance
hooholo v. to cause to run, to agree, to determine
hoohui v. to unite
hoohuli v. to convert
hoohuoi n. jealousy
hooia v. to prove, to confirm the truth
hooiaio v. to certify
hooiho v. to descend, to sail before the wind, towards the south
hooikaika v. to strengthen
hooike v. to cause to see
hooili v. to put upon, to transfer
hooiliili v. to collect, to gather

hooioi adj. conceited, assuming, forward

hooino v. to revile

hooilina n. an inheritance, an heir

hooilo n. the winter

hookaa v. to pay a debt

hookaakaa v. to open

hookaawale v. to separate

hookae v. to treat contemptuously, to scorn, treat haughtily

hooka'eka'e v. to daub, to defile

hookahakaha v. to parade

hookahe v. to cause to flow

hookahi adj. one

hookahiko v. to cause to be dressed

hookahuli v. to overthrow, to change

hookala v. to sharpen

hookama v. to adopt (child)

hookamani n. a hypocrite

hookanahua v. to stalk proudly

hookanaka v. to be a man

hookani v. to cause to sound

hookano v. to be proud, to be haughty

hookaoko'a v. to set apart

hookapu v. to prohibit

hookau v. to put upon, to go up

hookaulana v. to make famous

hookaulua v. to delay, to hesitate

hookaumaha v. to trouble, to oppress

hookauwa v. to make a servant

hooke v. to crowd together, to oppose

hookeai v. to fast, to refrain from food

hooke'eke'e v. to be sullen, to be obstinate

hookekee adv. crookedly

hookela v. to exceed

hookele v. to sail, to direct

hookiekie n. pride, haughtiness

hookikina v. to send, to command

hookilo v. to spy

hookiokio v. to pipe, to whistle

hookipa v. to entertain, to lodge

hooko v. to fulfill

hookoa v. to act the soldier

hookoe v. to be left over

hookohu v. to appoint

hookokoke v. to come near, to approach

hookolo v. to cause to crawl, to creep

hookolokolo v. to investigate, to hold court

hookomo v. to cause to enter

hookoni v. to try, to tempt, to experience

hookonokono v. to set on, to stir up

hooku v. to cause to stand, to direct a course

hooku-e v. to cause to resist

hooku'i v. to cause to be strung, to join together

hookuikahi v. to unite, to agree

hookuina n. a uniting, a seam, a contact

hookuke v. to drive off, to expel

hookuku v. to test quality, to contest

hookuli adj. disobedient, silent, mute

hookumakaia v. to betray

hookumu v. to establish, to make a beginning of

hookuonoono v. to be supplied, to be well established

hookupu v. to cause growth, to contribute, to pay taxes

hookuu v. to release, to set free

hoola v. to cure, to save, to deliver

hoolaa v. to consecrate, to hallow

hoolaha v. to spread out, to announce

hoolaka v. to tame

hoolako v. to supply, to prepare

hoolalelale v, to get ready, to hasten

hoolana v. to float, to cheer up

hoolapalapa v. to boil

hoolapanai v. to save by redeeming

hoolaulea v. to appease, to reconcile, to get together

hoolauna v. to act friendly, to introduce

hoole v. to deny, to contradict

hoole'a v. to praise, to extol

hoolei v. to cast away, to reject

hoolele v. to cause to fly

hoolewa v. to cause to swing

hoolike v. to make alike, to make equal

hoolilo v. to cause a transfer

hoolimalima v. to hire, to rent, to lease

hoolohe v. to listen, to regard, to obey

hooloihi v. to lengthen, to prolong

hoolole v. to skin, to turn, to change

hoololi v. to change, to alter, to exchange

hoolua n. the strong north wind

hoolu'e v. to loosen

hooluu v. to dye, to immerse

hoomaa v. to accustom, to practice

hoomaalili v. to cool, to sooth

hoomaau v. to persecute

hooma'ema'e v. to cleanse

hoomaewaewa v. to mock, to reproach

hoomaha v. to rest

hoomahuahua v. to make more, to enlarge

hoomahu'i v. to imitate

hoomaikai v. to bless, to thank

hoomainoino v. to afflict, to slander

hoomaka v. to begin

hoomakaulii v. to persevere, to be thrifty, to adhere to

hoomakeaka v. to excite laughter

hoomakoná adj. unfriendly

hoomalamalama v. to enlighten
hoomalimali v. to flatter
hoomakaukau v. to prepare
hoomalielie v. to appease, to allay
hoomaloka n. a doubter, an unbeliever
hoomalu v. to rule over, to make peace
hoomalule v. to weaken, to change
hoomana v. to worship
hoomanakii n. idolatry, vanity
hoomana'o v. to remember
hoomanawanui v. to be patient
hoomau v. to be constant, to persevere
hoomauhala v. to retain a grudge, to seek revenge
hoomaunauna v. to waste, to consume
hoomo'a v. to cause to be cooked
hoomoakaka v. to explain
hoomoana v. to encamp
hoomohala v. to open, to unfold, to blossom
hoonanea v. to be at ease, to be contented
hoonani v. to glorify, to praise
hoonaukiuki v. to irritate, to provoke
hoonee v. to move, shove along
hoonele v. to make destitute
hoonoho v. to appoint
hoonohonoho v. to settle, classify
hoonui v. to make great
hoonuu v. to be greedy in eating
hoooluolu v. to comfort, to please
hoopá v. to touch, to hit, to handle
hoopaa v. to make fast, to tie
hoopaapaa v. to discuss, to debate
hoopa'i v. to punish, to revenge
hoopailua v. to be sick at the stomach, to be nauseated
hoopakele v. to deliver, to save
hoopalau v. to engage to marry, to betroth
hoopanee v. to postpone, to delay
hoopau v. to finish, to complete
hoopaweo v. to snub
hoopiha v. to fill full
hoopii v. to appear, to accuse
hoopili v. to cling to, to adhere to
hoopilimeaai v. to serve for a living
hoopi'opi'o v. to practice sorcery
hoopono v. to rectify, to do rightly
hooponopono v. to regulate, to superintend
hoopio v. to imprison
hoopololei v. to straighten
hoopuka v. to cause to pass through, to publish
hoopulapula v. to multiply by breeding
hoopulu v. to deceive, to slander

hoopumehana v. to warm one's self
hoopuni v. to surround, to beguile
hoopunipuni v. to lie, to misrepresent
hoouka v. to put on, to attack
hooulu v. to cause to grow
hoouluhua v. to bother one
hoouluulu v. to collect, to assemble
hoouna v. to send
hoounauna v. to command
hoowahawahá v. to ridicule, to despise
hoowalewale v. to tempt
hoowali v. to mix, to blend
hope n. the end, the result, death, object
hope adv. recently, slowly, backward
hopu v. to seize, to take, to hold fast
hopuhopualulu adj. confused
hou adj. new, fresh
hou adv. again
hou n. perspiration
hou v. to be new, to thrust, to stab, to reach after
hu v. to rise, to swell, to overflow
hua v. to sprout, to bud, to grow as fruit
hua n. effect, fruit, egg
huaale n. a pill
hu'ahu'akai n. a sponge, sea-form
huahuwá n. envy
huaka'i n. a travelling company
hualala adj. curved, convex
huamoa n. a hen's egg
huaolelo n. a single word
huapala adj. chestnut-colored
huapala n. a sweet-heart
huawaina n. a grape
hue n. a gourd, a water calabash
huelo n. a tail
huewai n. a water calabash
huhu adj. angry, provoked
hu'i adj. cold, cool
hu'i n. pain, ache
hui v. to unite, to assemble, to agree
huikala v. to cleanse, to sanctify
huikau n. confusion, lack of regularity
huina n. a number, an angle
huipu v. to unite, to assemble
huki v. to draw, to pull
hukilau n. a way of fishing, involving many fishermen
hula v. to dance
huli v. to turn, to seek, to study
hulilua adj. shifting, turning two ways
hulu n. feather, wool
hului v. to draw together
humuhumu v. to sew
huná v. to hide, to conceal
huna adj. small, little

[96]

hunahuna n. a small part of, crumbs

hunakai n. a sanderling

hune v. to be poor, to be destitute

hunona n. a child-in-law

huoi v. to suspect, to be inquisitive

hupe n. mucus from the nose

hupó v. to be ignorant, to be a natural fool

huwá n. envy

I

i sign of the imperfect tense of verbs, of the subjunctive mood, of the potential mood, of the imperative mood

i prep. towards, in, at, unto

i v. to speak

ia pro. this, also he, she, it (third person singular)

ia sign of the passive voice

i-á n. a yard, 36 inches

i'a n. fish, meat of any kind

i'a maka n. raw fish

i'a maloo n. dried fish

i'a mikomiko n. salt fish

iaha pron. to what, for what?

iako n. sticks joining a canoe with the outrigger

i'aloa v. to embalm

iamo v. to leap into the water without a splash

ianei adv. here, at this place

ia'u pron. to me, for me; objective case, first person

ie n. canvas, a braid, a basket

ieie n. a woody climber

ihe n. a spear

ihea adv. to what place, whither?

ihi adj. sacred, dignified

iho adv. at that time, then, exactly, just

iho v. to go down, to descend

iho n. tissue, pith

iho pron. self, used with nouns or pronouns

iho prep. towards a lower place, down

ihope adv. backward

ihoiho n. the solid part of timber, a torch, a candle

ihona n. a descending, a descent

ihu n. the nose of a person, bill of a bird, bowsprit

i-i adj. sour, mouldy, musty, covetous, cruel

i'i v. to collect, to gather up

iini v. to desire, to long after

iká v. to float ashore

ikaika adj. strong, energetic

ike v. to see, to know

ikea v. to be seen, to be known

iki adj. small, little

iki adv. almost, not much, at all

ikiiki adj. close, hot, stuffy

ila n. a birthmark, a mole

ilaila adv. in that place, there

ilalo adv. in a lower place, down, below

ilamuku n. a marshal, an executive officer

ili v. to run aground, to be stranded, to make responsible

ili n. a stranding, descent of property, skin, bark, surface, small district of land, a pebble

iliahi n. a sandalwood

ilihia n. fear, reverence, awe

ilihune adj. poor, indigent

iliili n. pebble, small stones used in konane

ilikai adj. horizontal

ilikai n. the surface of the sea

ilina n. graveyard

ilio n. a dog

iliwai adj. even, plane, horizontal

ilo n. a maggot, worm

iloko prep. in, inside, within

iloli n. a strong smell, an offensive odor

iluna prep. up, upon, above

imi v. to search for, to look for, to examine

imihala v. to find fault with, to blame

imo v. to wink

imu n. an oven, a pit for roasting

imua prep. before, in front of

iná conj. provided that, if

iná interj. would that! O that!

ina n. a sea egg

ina v. to pry up

iná v. to go, to do, used imperatively

inahea adv. when? Used in the past tense

inaina n. anger, wrath

inea n. hard toil with little reward, fruitless labor

inehinei adv. yesterday

inehinei kela la aku adv. day before yesterday

iniha n. an inch

inika (mod.) n. ink

iniki v. to pinch

Inikini n. Indian

ino adj. bad, wicked, sinful

ino adv. improperly, much, very (intensive word)

inoa n. name

inu v. to drink

i'o n. lean flesh, reality, truth, substance

i'o pipi n. beef

i'o hipa n. mutton

i'o puaa n. pork

i-ó adv. in that place, yonder

io n. a bundle, a hawk
iole, n. a rat
iomo v. to leap into the water, same as iamo
ipo n. a sweet-heart
ipu n. a pumpkin, a dish, a cup, container
ipuhao n. an iron-pot
ipu haole n. a water-melon
ipuka n. a door, gate
ipu pu n. a squash
iuiu n. a place high up, far-off
iuka adv. inland
iwa n. the frigate-bird, man-of-war bird
iwaena prep. between, among
iwaenakonu n. the middle, center of a circle
iwaho prep. outside, out
iwakalua adj. twenty
iwi n. a bone, midrib, coconut shell
iwiaoao n. the rib
iwikaele n. the keel of a ship, the body of a canoe
iwikuamoo n. the backbone
iwilei n. the shoulder-bone, the collar bone
iwimaha n. the cheek bone
iwipoo n. the skull bone
iwihaiao n. a sermon plan

K

ka v. to bail out
ka art. the definite article, the
ka adj. or conj. expressing opposition; supposed error
ka interj. surprise, wonder, disappointment
ka prep. of, belonging to
kaa v. to roll, to turn everyway
kaa n. a cart, carriage, car
kaahele v. to travel
kaahope n. the past
kaana v. to make alike, to make a convert
kaao n. a legend, a tale
kaaoko'a v. to separate from
kaapuni v. to go around, to encircle
kaau n. forty
kaawale v. to separate
kaawe v. to hang by the neck, as a suicide
ka'e n. brink, border, brim
kaei n. belt, sash, girdle
kaena v. to boast, to glory, to brag
kaha n. a scratch, a mark, a letter, a strip of land
kaha v. to scratch, to write, to cover over
kaha adj. fat
kahaha! interj. an expression of wonder, surprise or displeasure

kahakai n. seashore, seacoast
kahapili n. tangent of a circle
kahawaena n. diameter
kahawai n. brook, stream
kahe v. to flow
kahea v. to call, to speak, to cry out in pain
kahi n. a place, a comb
kahi v. to comb, to shave, to slit open
kahi adj. and pron. some, someone
kahi for ka wahi, a place
kahihi v. to entangle
kahiki n. a foreign country
kahiko adj. old, ancient
kahiko v. to dress, to adorn
kahikolu n. the Trinity
kahili v. to brush, to sweep
kahili n. a brush of feathers, a broom
kahinu v. to anoint
kahi'ohi'o v. to be a little drunk
kahu n. guardian, care-taker, provider
kahua n. foundation of a house, camp ground
kahuhipa n. a shepherd
kahumoku n. a mate of a ship, usually the second mate
kahuma'i n. a nurse
kahuhú! interj. an exclamation of strong disapproval
kahuna n. a professional man, an expert
kahunapule n. a preacher, minister, priest
kai n. the sea
kai! interj. exclamation—how great!
ka'i v. to lead, to direct
ka'ika'i v. to lift up, to carry upon
kaikaina n. younger brother of a brother, younger sister of a sister
kaikamahine n. a daughter
kaiko n. a policeman
kaikoeke n. a brother-in-law, a sister-in-law
kaikoo n. rough sea
kaikuaana n. older brother of a brother, older sister of a sister
kaikuahine n. sister of a brother
kaikunane n. brother of a sister
kaikuono n. a gulf
kaili v. to snatch, to take away
kailiwale v. to plunder
kai emi n. ebb tide
kai make n. low tide
kai maloo n. low tide
kainoa v. an impersonal verb, expressing doubt or uncertainty
kai nui n. high tide
kaiokilohee n. a squid fishery
kai piha n. high tide
kaka v. to split wood, to beat, to whip
kakaa v. to roll, to turn over

kakahiaka n. morning
kaka'i v. to go along in company
kakaiapola n. the tail of a kite
kakaikahi adj. few, scarce
kakaolelo n. a counselor, a scribe, a lawgiver
kakau v. to write
kakauolelo n. a scribe, a secretary
kakia n. a nail, a pin, a wedge
kakini (mod.) n. a stocking, a dozen
kakoo v. to gird on, to assist
kakou pron. we (more than two persons) including the person addressed
kala v. to loosen, to take away, to forgive, to pardon
kala v. to proclaim, to invite, to publish
kala n. a public crier, the ends of the house, a kind of fish, a dark gray bird
kalahala v. to pardon sin
kalai v. to hew, to cut
kalaiaina n. a political party, politics
kalaihi adj. boastful, proud
kalakala adj. rough, sharp
kalakoa (mod.) adj. calico color
kalana n. a division of land, county, sieve, white paper
kalea n. whooping-cough
kalele v. to lean upon, to bear on
kalepa n. a merchant
kalepa v. to peddle, to sell
kalewa v. to float, to suspend
kali v. to wait
kalina n. old potato vines
kalo n. the taro plant, the product of the plant
kalokalo v. to call upon God
kalua v. to bake, to prepare an animal for cooking
kalua adj. double, two-stranded, as a rope
kama n. a child
kamaa n. sandals, shoes
kamaaina n. lit. a child of the land, a native born resident
kamahao adj. wonderful, surprising
kamailio v. to converse
kamala n. a temporary house
kamalani n. a favorite child
kamalii n. children
kamaná (mod.) n. a carpenter
kamau n. endurance, a friend
kana v. adj. an expression implying surprise
kanaenae v. to pray to the gods
kanahá num. adj. forty
kanaka, n. a man, a human being
kánaka n. people in general, the mass of people
kanaka adj. manly, strong, stable

kanalua v. to be in doubt, to be uncertain
kanana n. a sieve, writing paper
kanawai n. law
kane n. the male, a husband
kani v. to sound
kaniai n. the throat
kanikau adj. to mourn for loved ones
kaniuhu n. sorrow, groaning, trouble
kanu v. to plant, to bury
kao n. a goat
kaohi v. to keep, to restrain
kaola n. a beam
kaomi v. to press down, to squeeze
kapa n. cloth, a shore, a side, a bank
kapa v. to call, to designate
kapae v. to turn aside, to pervert
kapakahi adj. one-sided, crooked
kapa huluhulu n. a blanket
kapakapa adj. assumed (name)
kapalili v. to shake rapidly
kapalulu v. to flap, to shake
kapekepeke adj. unsteady, doubtful
kapiki (mod.) n. cabbage
kapili v. to join, to put together
kapipi v. to sprinkle
kapu v. to be prohibited
kapuahi n. a fire-place
kapuahi hao n. a stove
kapuai n. sole, foot (twelve inches)
kapulu adj. dirty, slovenly, untidy
kau n. summer season
kau pron. your, second person, possessive case
kau v. to hang, to suspend, to place upon
ka'u pron. my, mine, first person, possessive
kaúa pron. we two, dual number, includes the speaker
káua n. war, battle
kauhale n. a village
kauka'i v. to wait for an event
kauka lapaau n. a doctor of medicine
kaukanawai n. a law-giver
kaula n. a rope, a string
kaula n. a prophet
kaulahao n. a chain
kaula'i v. to hang out to dry
kaulaili n. a lasso
kaulawaha n. a bit, bridle
kaulana adj. famous
kaulia v. to be hung up
kaulike adj. just, equitable
kaulua n. a pair, double
kaumaha adj. heavy, sad
kauna num. four
kauno'a n. the dodder, a parasitic plant
kauo v. to draw, to drag, to haul
kauoha v. to will, to command
Kauoha Hou n. New Testament

Kauoha Kahiko n. Old Testament

kaupaku n. the ridge-pole of the house

kaupale v. to separate

kaupaona v. to weigh

kauwá n. a servant

kauwahi ind. pro. some

kawaha adj. vacant, hollow

kawalawala adj. scattered, unintelligible, inadequate

kawele (mod.) n. towel

kawowo v. to be of vigorous growth

ke art. the definite article, the

ke conj. if

ke part. sign of the present tense; nei follows the verb

kea adj. white

ke'a v. to hinder

ke'a n. a cross

keaka (mod.) n. a theatre

kee adj. crooked, distorted, false

keehana n. a footstool

keehi n. the stirrup, a kick

keena n. a room, an office

kehau n. the land breeze at night, mist, frosty air

keia pron. this, something present or just said

keiki n. offspring, child

kekahi adj. and pron. one, some, a certain one

kekee adj. crooked, twisted

kekona (mod.) n. second

kela pron. that, that person, that thing

kela v. to exceed

keko (mod.) n. a monkey

kele n. fat, grease

keleawe n. brass, copper, tin, polished steel

kelekele adj. greasy, fat, slippery

kena pron. he, she, that person

kená v. to command, to send to

kenikeni n. a dime, ten cents

ke'oke'o adj. white, proud, haughty

kepá n. a spur

kepau n. tar, pitch, type

keu adj. remaining over and above, additional

kewai n. a mist, a rain (on Kauai)

ki v. to shoot, to squirt

kia n. a pillar, a mast, support, deer (mod.)

kiaaina n. a governor

kiaha n. a glass, a tumbler

kiai v. to watch, to guard

kiakahi n. a one-masted ship, sloop

kiakona (mod.) n. deacon

kialua n. a two-masted ship, brig

kiawe n. the algaroba tree

kieke n. a bag, satchel, pocket

kiekie adj. high, lofty, exalted

kiha v. to sneeze

kihapai n. a field, a piece of land

kihei n. a man's garment, a shawl, cloak

kihei moe n. a spread for the bed

kihi n. a corner, edge, tip

kii n. a picture, an image

kii v. to fetch, to go after

kikala n. the hip, coccoyx

kiké v. to knock, to speak by turns

kike'eke'e adj. crooked, zigzag

kikéké v. to knock

kikepa n. a folding over, a lapping over

kiki adv. quickly, suddenly

kiki v. to spurt

kikiao n. a squall

kikiki puka n. door post

kiko n. spot, dot

kikohu v. to blot

kikokahi n. a period = .

kikokiko adj. spotted, speckled

kikoo v. to stretch, to extend

kikowaena n. the center of a circle

kilakila adj. majestic, imposing, tall

kilepa v. to float in the wind

kilihuna v. to be scattered into small pieces

kilo v. to spy out, to watch omens

kilohana n. the choicest tapa

kilohee v. to fish for squid

kilohi v. to admire one's self

kimo v. to strike, to pound, to go headfirst

kiná n. a blemish, sin, error

kinai v. to quench

kina'una'u n. a stain, a defect, a fault

kini n. the number 40,000

kinikini adj. numerous, very many

kinipopo n. all games of ball playing

kinipopo peku wawae n. football

kino n. the body of a person

kinohi n. the beginning, Genesis

kinowailua n. spirit, ghost

kioea n. the curlew

kiokio n. a wind musical instrument, a pipe

kiola v. to lay down, to overthrow

kiowai n. a fountain

kipa v. to pass within, to turn in and lodge

kipaku v. to drive away forcibly, to expel

kipapa v. to pave with stones

kipe v. to bribe

kipehi v. to stone, to pelt

kipi v. to rebel, to revolt

kipikua n. pickaxe

kipuka n. a snare, an open place in a forest

kipulu v. to fertilize

kiu v. to spy

kiwi n. horn of an animal

ko n. sugar-cane

ko prep. of, the sign of possession (like 's)

ko v. to be fulfilled

koa n. a soldier, a tree (Acacia koa)

koa adv. boldly

koa adj. bold, brave

ko'a n. the coral rock

koae n. the tropic bird

koala v. to cook, to lay on the coals

koali n. the convolvulus vine

koalaala n. breakfast

koe v. to remain

ko'eko'e adj. chilly from being wet

koele n. a small division of land

koele adj. dry

koele v. to strike, to beat

koelepalau n. coconut and potato pudding

koena n. the remainder

kohana adj. naked, without clothes

koho v. to choose

koholá n. a whale

kohu v. to agree, to resemble, to be appropriate

kohu n. ink stain, likeness

kohu pono adj. decent, agreeable

ko'i n. an axe, an adze

koi v. to urge, to entreat

ko'iliilii n. a hatchet

ko'ilipi n. an axe

ko'iko'i adj. heavy, weighty, substantial, honorable

koke adv. quick, soon, near

kokoke adv. near by, close by, almost

kokio n. the native hibiscus

koko n. blood

kokó n. the carrier for a calabash, made of braided strings

kokoo n. a companion

kokoolua n. a second staff, an assistant, a helper

kokua n. to help

kokuli n. ear wax

kolaila pron. of this or that

kole adj. raw, inflamed

kolea n. the golden plover

kolea n. a stepfather or stepmother, a parent-in-law

kolí n. the castor-oil plant, the castor bean

koli v. to trim, to whittle

koli'i n. the oil of the castor-oil plant

koli'uli'u n. something afar off, an indistinct sound

kolo v. to crawl, to creep

koloa n. a duck, a long cane

kolohe adj. mischievous, roguish

koloko n. the inner part, interior portion

kolokolo v. to look for proof, to examine facts

kolonahe adj. gentle, mild, peaceful, blowing softly

kolopupu adj. old, withered

komo v. to enter, to dress

komohana adj. western

komolima n. a ring

kona n. the leeward side, as opposed to koolau, windward

kona pron. his, hers, its

konakoná v. to be unpopular

konane n. checkers

konekonea adj, restored, recovered from sickness, bald

koni v. to taste, to try

kono v. to invite, to cite

konohiki n. the head man of an ahupuaa, land agent

konokoná v. to be despised

konokono v. to incite

ko'o n. a prop, a brace, a pole for canoeing

ko'oko'o n. a staff, a cane

kookoolau n. the Hawaiian tea plant

koolau n. the windward side of the island

koolua v. to go in pairs

koomoa adj. long tailed

koonei adv. noun, that which belongs to this place

kopaa n. sugar

kope n. a shovel

kope (mod.) n. coffee

kou n. a rare shade tree

kou pron. your, thy

ko-u adj. moist, wet, chilly from moisture

ko'u pron. my, mine

kopaa n. sugar

kope nihoniho n. a garden rake

kowá n. a strip, a channel, a strait

ku v. to stand, to arise, to stop still

ku adj. suitable, adaptable, befitting

kua n. the back, top of a ridge

kua v. to cut or hew down

kuaaina n. the back country, ignorant people

kuahiwi n. the top of the mountain

kuakea adj. white

kuahaúa n. a proclamation

kuahu n. an altar for sacrifice

kuai v. to buy, to sell

kuakua n. a small section of land

kuala v. to turn a somersault, to take usury, to overpay

kualana adj. lazy, deserted, abandoned

kualapa n. a narrow ridge between two valleys

kualau n. a squall

kualono n. a broad ridge between two valleys

kualua adj. repeating, doing a thing twice

kuamoo n. the backbone, a road or path, a custom

kuamuamu v. to blaspheme

kuapaa v. to oppress

kuaua n. a passing shower

kuauhau n. genealogy

kuauna n. the bank of a stream, the border of a taro patch

kuawili v. to repeat

ku-e v. to oppose, to resist

kue'a v. to wander about

kuehu v. to drive away

ku'eku'e n. a joint, the knuckles, the wrist bones

ku'eku'e lima n. the elbow

ku'eku'e wawae n. heel

ku'emaka n. the eye-brows

kuemi v. to retreat

kuene n. a steward, a treasurer

kuewa v. to wander about

kuha v. to spit

kuhalahala v. to find fault

kuha'o v. to stand alone

kuhea v. to call

kuhela v. to rise and move along as the swell of the sea

kuhi v. to infer, to surmise

kuhihewa v. to mistake, to err, to have wrong opinion

kuhikuhi v. to show, to point out, to point the finger

kuhina n. highest officer next to the king

kuhinia v. to be satiated

kui n. any pointed instrument of metal or wood, nail, pin

ku'i v. to stick together, to join, to stitch, sew together

ku'i v. to pound with the end of a thing, to beat

kuia adj. fitted, stumbling, blunt, repeating

kuia v. to stumble, to waver, to be unsettled in opinion

ku'ihe v. to doubt, to hesitate

kuihao n. a nail

kuikahi adj. peaceful, quiet

kuikawā adj. free, special

kuike adv. at once, on sight

kuikele n. a needle

kuina n. a sewing, a seam, a sheet (mod.)

kuinao n. a screw

kuipehe v. to be in doubt, to hesitate

kukā v. to consult together, to deliberate

kukala v. to proclaim publicly

kukapu adj. chaste, inviolate

kuke (mod.) n. a cook

kuke v. to nudge, to push gently

kukini v. to run a race

kuko v. to desire strongly

kukona adj. cross, sullen ,defiant

kukonukonu adj. excessive (rain)

kuku v. to strike, to beat (tapa)

kuku adj. crowded, thorny, prickly

kukui n. name of a tree, lamp, torch, light

kukui ihoiho n. a candle

kuku'i v. to publish, to spread as a report

kukuli v. to kneel

kukulu v. to erect, construct, to build

kukulu n. place where the sky meets the horizon, point of compass

kukuluaeo n. the Hawaiian stilt

kukuna n. the rays of the sun

kukuni v. to kindle, to burn

kula (mod.) n. school

kula n. open country, field

kula'i v. to push over

kulaia adj. festal

kulaiwi adj. pertaining to one's native land

kulana n. reputation, rank, position

kulanakauhale n. town, city

kulanalana v. to be unsettled, to be hesitating

kuleana n. a part, portion or right in a thing, a property right, a small land claim inside another's land

kuli n. the knee

kuli adj. deaf

kulia v. stand up, present yourself, to push forward

kulike adj. equal

kulikuli v. to stun with noise, used imperatively, hush, be still

kulina n. corn

kulipolipo adj. deep

kuloko adj. relating to affairs within

kulolia adj. inseparable

kulolo n. a pudding made of taro and coconut

kulou v. to bow, to stoop

kulu v. to drip, to leak

kuluma v. to be acquainted

kumakahiki n. a camp (plantation)

kumakaia v. to betray

kumakena n. a mourning

kumu n. a foundation, origin, pattern, teacher

kumua'o n. a teacher

kumuhana n. the subject

kumuhonua n. geology

kumuhoohalike n. a pattern

kumukahi n. origin

kumukuai n. the cost of anything

kumukula n. a school-teacher

kumulaau n. bottom of a tree, trunk of tree, the tree itself
kumulau n. a producer, a breeder
kumumu adj. dull, blunt
kumupaa n. a solid foundation, principal (money at interest)
kumupale n. an excuse
kumupali n. the foot of a cliff
kunane n. checkers
kunewa n. heaviness, fatigue
kuni v. to kindle, to blaze up
kunou v. to make signs, to beckon
kunu n. a cough
kunukalea n. whooping cough
kuoko'a adj. independent
kuoko'a v. to stand aside, to stand aloof
kuono n. a nook, a bay, a gulf
kuonoono adj. well furnished, supplied
kuo'o adj. fearless, ready, serious, sober-minded
kupa n. an old resident
kupaa v. to stand fast, or firmly
kupaianaha adj. wonderful, strange
kupakako (mod.) n. purser of a steamer
kupalu v. to stuff with food
kupapa'u n. a corpse, a dead body
kupee n. a bracelet, fetter, stocks
kupenu v. to dip
kupikipiki-o adj. troubled, raging (sea)
kupilikii v. to stand close together
kupina'i n. a noise, an echo
kupono adj. upright, honest, suitable
kupoupou v. to descend (a word used only on Kauai)
kupu v. to sprout, to open out, to increase
kupua n. a sorcerer, a wizard
Kupulau n. Spring
kupuna n. a grandparent
kuu pron. my, mine
kuu v. to let go, to release
kuula n. the god of fishermen
kuululú adj. cold, shivering
kuuna adj. hereditary, traditionary
kuwala v. to turn somersaults, to turn upside down

L

la n. sun, day, solar heat
la prep. a particle
laa adj. sacred, holy, devoted
laalaau n. herb, bush
laau n. wood, forest, medicine
laauikiai n. herbs
laaulapaau n. medicine
laau make n. poison
la'e adj. shining, clear, bright
lae n. projection, forehead, cape, headland

laha v. to be spread out, to be published
lahaia adj. common
lahalaha adj. open, extended
lahilahi adj. thin, slim, soft
laholio n. India rubber
lahui n. a company, people, nation, race
la'i adj. calm, still, quiet, shining
la-i n. the ti leaf plant leaf
laiki (mod.) n. rice
laipala n. the surgeon fish
laka adj. tame, domesticated
lako adj. rich, prosperous
lakou pron. they, third person plural
lalá n. branch, limb of a tree
lalani n. a row, line, rank
lalapa v. to blaze
lalau v. to seize, to mistake, to err, to go astray
lalelale v. to hurry
lali adj. greasy, wet, slippery
lalo adv. downward
lama n. a forest tree, a torch, a lamp
lamakú n. a torch, a fire-brand
lana adj. buoyant, floating
lanahu n. coal, charcoal
lanai n. a bower, a porch, piazza
lanakila v. to conquer, to overcome
lanalana n. the common spider
lani n. the heaven, sky, title of a high chief
la'ola'o n. a bundle of small sticks tied up for fuel
lapa n. a ridge, a swelling
lapaau v. to administer medicine
lapalapa n. a ridge of earth, a cluster of hillocks, a blaze
lapalapa v. to blaze
lapu n. an apparition, a ghost
lapulapu v. to collect together
la pule n. Sunday
lapuwale adj. worthless, foolish, contemptible
lau n. leaf, the number 400
laúa pron. they two, dual number
laua'e n. an aromatic herb
lauhala n. a pandanus leaf
laukona adj. jealous
laula adj. broad, wide
laulaha v. to be spread abroad
laulau n. a bundle, of food or other things
laule'a n. peace, friendship
laulima n. cooperative workers
laumake n. poisonous herbs
laumania adj. smooth, even
laumilo v. to writhe, to squirm
launa v. to associate with
lauoho n. the hair of the head
laupa'i v. to increase
lauwili adj. fickle, changeable

lawa adj. sufficient, enough, white (chicken)
lawaia n. a fisherman
lawaia v. to catch fish
lawalawa v. to bind
lawalu v. to cook meat on the coals enclosed in leaves
lawe v. to take, to bring
lawehala adj. sinful
lawehana n. a workman, a laborer
lawelawe v. to serve, to minister to one
le'a adv. pleasantly, clearly, very
le'ale'a n. gladness, pleasure, joy
leha v. to turn the eyes
lehai v. to jump
lehelehe n. the lips, language
leho n. a cowrie shell, a callous place
lehu n. ashes, the number 400,000
lehua n. a certain mountain tree, a sacrifice
lehulehu n. the multitude
lei n. a garland
lele v. to fly, to jump
leleiona n. the Milky Way
lelepau v. to trust in, to confide in
lemu n. the buttocks
lena adj. yellow
leo n. the voice, a syllable, a tone
lepa n. border, skirt, ensign
lepo n. dirt, dust, dung
lewa v. to be afloat in the air, to be loose
lewa n. the upper regions of the air, the air, atmosphere
li v. to hang by the neck, to furl
li'a v. to ponder, to think, to fear, to desire greatly
liha v. to be sick at the stomach, to be nauseated
lihi n. edge, border, boundary
lihilihi n. eyelashes, eyelid
liilii adj. small, little
like v. to be alike, to resemble
liki v. to encircle, to gird on
liko v. to swell out, to enlarge
lila v. to be withered, to be blasted
lile v. to be thin
lilelile adj. bright, clear
lili n. jealousy, wrath, displeasure
liliha v. to be satiated, to be nauseated
liliko'i n. a water lemon
lilo v. to be transferred, to become another's, to be lost
lima n. arm, hand
limalima v. to handle
limu n. sea moss, seaweed
lina adj. soft
linalina n. any glutinous substance, a scar
linohau adj. of great worth, beautiful

lio n. a horse
lipi n. an axe
lipo adj. blue, black, dark
liu n. bilge water
li'u adv. slowly, tardily
li'u adj. salty, too salty
liu v. to leak
liulá n. twilight
li'ula n. mirage
liuliu adj. prepared, ready
li'uli'u adv. for a long time, during a long time
loa adv. much, very, exceedingly
loa adj. long, spoken of time, space or measure
loaa v. to be obtained, to be found
loea adj. skillful, cunning, applied to women only
lohai n. a lever
lohe v. to hear
lohi v. to be tardy, to be slow
lohiau v. to make blunders
lo'i n. a water taro-patch
loia adj. dexterous, skillful
loiele adj. sluggish, slow
loihi adj. long, tall
loiloi v. to ridicule
loina n. a rule for conduct, a doctrine
loio (mod.) n. a lawyer
lokahi adj. of the same mind, agreed
loko n. a pond, a lake
loko adj. inner, what is within
loko n. the inner part, moral disposition of a person
lokoino adj. unmerciful, unkind, ungenerous
lokomaikai adj. merciful, gracious, generous
lokowai n. a fountain
lokuloku n. pain, distress
lole n. foreign cloth, a foreign dress
lole v. to be changed, to be reversed
lole wawae n. trousers
lolelua adj. changeable, fickle
lolena adj. weak, withered, barren
loli v. to turn over, to daub
lolii adj. prepared, furnished
loliloli adj. water-soaked
lolo adj. palsied, lazy, indolent
loloa adj. long, tall
lomi v. to massage, to rub
lono n. a report, news, one of the great gods
loohia v. to be overtaken by anything, as disease or trouble
lopá n. a tenant farmer
lou n. a hook
lou v. to bend, to hook
loulu n. the native palm
lu v. to scatter, to sow, to shake
lua n. a hole, a second, an equal, a companion

lua adj. two, second

lua n. the art of breaking the bones of a person

luahine n. an old woman

lua'i v. to vomit

luakaha v. to have dwelt long in a place

luakini n. an ancient temple

lualua adj. rough, uneven

lu'alu'a adj. limber, flexible, flimsy

luana v. to live in idleness

luaole adj. matchless, best

luapele n. a volcano

luau n. the leaf of the taro, a feast

luau'i n. a parent

luawai n. a well, cistern

luawai aniani n. artesian well

luhi v. to be fatigued with labor, to be tired

luhihewa adj. hard, oppressive

luina n. a sailor

luku v. to slaughter

lule v. to shake, to be fat

luli v. to vibrate, to shake

lulu v. to shake, to scatter

lulu adj. calm, without any wind

lulumi n. a crowd, a multitude

luna adj. upper, higher, above

luna n. the upper side of anything, an overseer

lunahooponopono n. an editor of a paper or periodical

lunaikehala n. the conscience

lunakahiko n. an elder in a church

lunakanawai n. a judge

lunamanao n. the conscience

lunaolelo n. an apostle

lunu v. to covet

lupe n. a kite

luu v. to dive

luuluu n. grief, trouble, depressing fear

M

ma particle, signifies persons attendant upon or accompanying, as ke alii ma—the chief and his train

ma prep. at, by, in, through, by means of, according to

maa adj. accustomed to do a thing, practiced

maaa n. a sea breeze at Lahaina

maalahi n. nobleness, a good happening, favorable outcome

maale'a adj. prudent, wise, cunning, crafty

maalili adj. cooled off, spoken of what has been hot

maalo v. to pass along, to pass by

maanei adv. here, at this place

maau n. indifference, persecution, affliction

maaua adj. old, ancient

maauauwa v. to sell goods, to peddle

maawe adj. small, narrow, thin

mae v. to wither, to fade away

maeele adj. benumbed

maemae adj. clean

maewaewa adj. reproachful, scornful

maha n. rest, repose, peace

maha n. the temple of the head

mahae v. to be separated

mahakea adj. wild, overgrown

mahalo n. wonder, blessing, thanks

mahamaha n. the exercise of affection

mahana adj. warm

mahani v. to vanish, to disappear

mahaoi adj. bold, rude, cheeky, nervy

mahea adv. where? at what place?

mahealani n. the sixteenth day of the month

mahele n. a portion, a division

mahi v. to cultivate

mahi adj. strong, energetic

mahiai n. a farmer

mahiehie v. to be proud, to be lofty

mahiki v. to cast out, to vibrate

mahimahi n. the dolphin

mahina n. a month (lunar), the moon

mahinaai n. a field, a patch

mahiole n. a helmet

mahoe n. twins

mahola v. to spread out

mahope adj. prep. behind, afterwards

mahope loa adv. late

mahope ae adv. later

mahu n. steam, smoke

mahuahua v. to be increased

mahu'i v. to imitate

mahuka v. to flee away

mahuna n. scaly skin, from drinking awa excessively

mahunehune adj. poor

ma'i adj. sick, weak

mai adv. an adverb of prohibition, used for prohibiting

mai prep. from a person spoken of, towards a person speaking

mai adv. almost, nearly

maia n. the banana

maiao n. the toe nail, hoof, claw

maiau adj. industrious, neat, skillful (applied to men)

maiele adj. skilled in using words

ma'ihéhé n. a boil

mai'a n. the Hawaiian game of bowling

maika'i adj. excellent, good, handsome, beautiful

maika'i a'e adj. better

máili n. pebbles

mailuna adv. from above

mainoino adj. reproachful, mocking

maiu'u n. nail, hoof

maiwaena prep. from out of, from the midst of

maka adj. raw, fresh

maka n. the eye, the human face, blade

makaainana n. the common man

makaala adj. watchful, vigilant

maka aniani n. spectacles, eye-glasses

makaha v. to seize what is another's, to rob

makahá n. the outlet of a fish-pond

maika'i ae adj. better

makahehi v. to admire strongly, to desire

makahiamoe adj. sleepy

makahiapo n. the first-born child of a family

makahilahila adj. modest

makahiki n. a year

maka'i n. a policeman

makai adv. towards the sea

maka'ika'i v. to inspect, to go sight-seeing

makaleha v. to wonder at, to admire, to lift the eyebrow

makeleho n. haughtiness, lasciviousness

makalii n. smallness, inferiority, the Pleiades

makalii adj. very small, very fine

makaloa n. a rush mat

makalua adj. two-faced, two-edged

makamae adj. precious

makamaka n. a close friend, a beloved one

makamua adj. first, primary

makana n. a gift, a present

makani n. wind, breeze

makapaa adj. blind

makapo adj. blind

makaponiuniu v. to faint, to be dizzy

maka'u v. to fear, to be afraid

makau n. a fish-hook

makaukau adj. prepared, ready

makaula n. a foreteller, a star-gazer

makaulii adj. very careful, saving

make v. to die

makee v. to desire greedily

makehewa adv. in vain, to no purpose, to no profit

makemake v. to want

makena v. to mourn

makewai adj. thirsty

makepono adv. a good bargain, cheap

makia n. a pin, bolt, nail

makilo v. to beg, to look wistfully after a thing

makoe v. to have sore eyes

makole n. inflamed eyes

makolu adj. wide, thick, chubby

makoná adj. implacable, fretful

makou pron. we, excluding the persons addressed

makua n. a parent, a benefactor

makuahonoai n. a parent-in-law

makuakane n. father

makuakane kolea n. a step-father

makuahine n. mother

maku'e adj. purple, blue, a dark color

mala n. a garden, a field

mala'ela'e adj. clear, smooth

malaila adv. there, at that place

malakeke (mod.) n. molasses

malalo adv. downward, below, underneath

malama v. to keep, to preserve, to observe

malama n. a solar month, light

malama adv. perhaps, it may be

malama moku n. the first mate of a ship

malamalama n. light, knowledge

malanai n. the gentle north-east wind

malauea adj. indolent

malawaina n. a vineyard

malia adv. perhaps, but, then, if then, lest

malie adj. calm, quiet, gentle

malielie v. to be hushed

malihini n. a stranger, a newcomer

malimali n. flattery

malino adj. calm, quiet

maliu v. to attend to, to hearken

malo n. a loin cloth

malo'elo'e adj. weary, stiffened with labor or traveling

maloka adj. disobedient, unbelieving

malolo adj. the ebbing sea

málólo n. the flying fish

malolo v. to break off work at the arrival of the tabu

maloko prep. within, inside

malo'o adj. dry

malú adv. secretly

malu n. a shade

malualua adj. rough, rutty

maluhia n. peace, safety

maluhiluhi adj. fatiguing, weary

malule v. to be weak, to be flexible

malumalu adj. shady

maluna prep. above, over

mámá adj. light, active, nimble

máma v. to chew

mamala n. a fragment

mamalahoe n. the famous law given by Kamehameha

mamalu n. an umbrella

mamao adv. at a distance, out of hearing

mamo n. an extinct bird, a descendant

mamua prep. before, first in time, formerly

mamuli prep. behind, afterwards, by and by, soon, according to
mana n. power, spirit
manai n. an instrument for stringing leis
mana'e adv. the windward side
manaká adj. faint-hearted
manalo adj. sweet, slightly brackish
manamana n. a branching, a dividing
manamanalima n. a finger
manamanalimanui n. the thumb
manamanawawae n. a toe
mana'o v. to think
mana'oio n. faith
mana'olana n. hope
mana'opaa n. purpose
manawa n. time, season, feelings, affection, disposition
manawale'a n. alms, gift
manea n. hoof, nail, claws
manele n. a sedan chair, palanquin
mane'o n. an itching sensation
manienie n. the Bermuda grass
maniha adj. wild, rude, rough
mano adj. thick, multitudinous
mano n. the number 4,000
manó n. a shark
manoa adj. thick, deep
mano'i n. oil
manomano adj. manifold, magnificent
manowai n. channel of a river
manu n. a bird, a fowl
manu kaka n. tame duck
manu kapalulu n. a quail
manu kolohala n. a pheasant
manumanu adj. rough, blunt, defective
manunu adj. in pieces
manuwa (mod.) n. warship
ma'o adj. green
ma-o adv. there, over there
maoi adj. bold, forward
maokioki adj. spotted, variegated
maoli adj. indigenous, genuine, native
maoli adv. really, truly, without doubt
maona adj. filled, satisfied with food
maopopo adj. plain, clear
maopopo v. to understand
mapuna n. a rising up, as of the affections, an outburst
mau n. a word designating more than one
ma'u n. a species of fern
ma-u adj. moist, wet, cool
mau adj. constant, continuous, never ceasing
mau v. to be stopped, to be continuous, to be perpetual
maúa pron. dual form, we two, excluding the person addressed
mauka adv. inland, away from the sea
maule adj. faint, weak, dizzy

mauna n. a mountain
maunauna adj. wasteful
maunu n. any bait for taking fish or animals
mau-u n. a general term for grass, herbs, rushes, etc.
ma-u-u adj. green, moist, refreshing, cool
mawae n. a cleft, secret hiding place
mawaena prep. between, among, in the midst of
mawaenakonu adv. in the center
mawaho prep. outside
me conj. with, in company, a me, and
mea n. a thing, a condition, a person, having something
mea v. to do, say, speak
meamea adj. yellowish, whitish
meeau n. the itch, a blight
meha adj. solitary, alone
mehana adj. warm
mehe adv. like a, as a, etc.
meheu n. a track of the foot, a mark of what has passed
mele v. to chant, to sing
melemele adj. yellow
meli n. honey
melomelo n. a heavy wood, used in fishing
mene adj. dull, blunt
menehune n. a race of midgets
menei adv. like this, thus, so, as follows
menemene v. to have compassion
mene'o v. to itch, to tingle
mēumeu adj. blunt
miala v. to be bold, to be impertinent
mihi v. to be sad, to feel regret, to repent
mi'i adj. good, precious, desirable, beautiful
miki adj. energetic, active
mikiala adj. early on hand, watchful
mikiau adj. efficient
mikimiki adj. energetic, prompt
mikioi adj. neat, nice
miko adj. savory, seasoned
mikole v. to eat daintily, to persist, to persevere
mikolelehua adj. thoughtful, skillful
mili v. to feel of, to handle, to examine
milikana n. the papaia
mililani v. to praise, to thank
milimili adj. desirable, cherished
mimilo n. whirlpool
mimino adj. wrinkled, faded
mimo v. to be gentle, to be soft
minamina v. to grieve for the loss of a thing, to be sorry
minoaka v. to smile
minuke (mod.) n. a minute

mioi adj. bold, forward

miomio adj. confined, pinched up, beautiful

moa n. domestic fowl

mo'a adj. done, cooked thoroughly

moa'e n. the trade winds

moakaka adj. clear, plain, intelligible

moana n. ocean, camping ground

moanawai n. inland sea

moani v. to be fragrant

moe v. to lie down, to sleep

moehewa v. to be disturbed in sleep

moekolohe v. to commit adultery

moena n. a mat, a mattress, a couch

moepuu n. a person slain at the burial of a chief

moeuhane n. a dream, a vision

mohai n. a sacrifice

mohala v. to open, to expand

moho n. a candidate, a certain extinct bird

mo-i n. a sovereign

mokaki v. to be broken in pieces

moko v. to fight with the fist, to box

mokoi n. a fishing-rod

mokole adj. inflamed, as the eyes

moku n. a district, an island, a ship

moku v. to be divided in two, to be cut

mokuahana v. to be divided, to be split into factions

mokuahi n. a steamship

mokuaina n. a state

mokulele n. an airship

mokumahu n. a steamship

mokuna n. a division, a chapter

mokupuni n. an island

moku okoholá n. a whaler

mola'ela'e adj. clear, explicit

mole n. tap root of a tree, bottom of a pit, cause, means

molehulehu adj. dusky, shady

moliaola n. the passover

molowá adj. lazy, inactive

momi n. a pearl

momona adj. fat, sweet, rich, fertile

moni v. to swallow

mo'o n. any reptile, a lizard, division of land, ridge, story, tradition

moohueloawa n. a scorpion

moolelo n. a history, tradition, minutes of a meeting

moopuna n. a grandchild

moowini n. dimness in vision, blindness

moúo n. a buoy

mu n. a little black bug, a group of people who procured human sacrifices

mua adj. foremost, first

mua n. house for men, the front part

mu'emu'e adj. bitter

muki v. to suck, to kiss

muku n. measure of length, from fingers of one hand to the elbow of the opposite arm

muku v. to be cut short

mulea adj. without taste, insipid

muli n. the remains, a successor

muli adv. after, after awhile

muliwai n. the opening of a stream into the sea, a river

mumu v. to be silent, to be blunt

mumuku adj. cut off, separated

mumule v. to be dumb, to be speechless

muumuu n. an undergarment of women, a lame person

N

na adj. quiet, pacified

na plur. article, sign of the plural number

na prep. of, for, belonging to

naau n. intestines, the affections, the mind, the heart

naauao adj. wise, knowing, enlightened

naaupo adj. dark-hearted, ignorant, unenlightened

na'e conj. but, yet, furthermore

na'eiki adj. almost dead

naenae v. to pant for breath

nahá v. to be split, cracked or broken

nahae v. to be rent, torn, or broken

nahelehele n. grass, shrubs, weeds of a wilderness

na helu n. arithmetic

nahesa (Her.) n. a snake

nahili n. a mistake, a blunder

naholo v. to run along

nahu v. to bite

nahu n. a colic

na'i v. to divide, to take by conquest

naia n. the porpoise

na'ina'i adj. sour, crabbed

naio n. the bastard sandalwood

nakaka adj. split

nakeke v. to rustle, to rattle

nakele v. to be slippery

nakii v. to bind, to tie

nakui adj. joyful, diligent

nakuluai adj. perfect, upright

nakulu v. to drop (water)

nalinali v. to bite frequently

nalo n. the common house fly

nalo v. to be lost, to vanish

nalomeli n. the honey bee

nalopaka n. the wasp

nalowale adj. lost, concealed

nalu n. the surf, a shore wave

nalulu n. headache

namu v. to speak unintelligibly, to speak a foreign language imperfectly

náná v. to gaze at, to view

nana rel. pron. who, whose, for whom

nana person. pron. dative case, third person singular, for him, for her, for it

nanahu n. coals, charcoal

nanakee v. to glance at

nananana n. a spider

nane n. a riddle, a parable, a fable

nanea v. to be easy, to live indolently

naneha'i n. a problem in mathematics, a question

nani adj. beautiful, excellent

nani an intensive particle, as nani ka maikai, how beautiful; nani ka uuku, how little

nano v. to snore

naonao n. the ant

napoo v. to set, to go down, as the sun appears to

nau v. to chew

nau pron. for you, yours

na'u pron. for me, mine

naue v. to shake, to vibrate, to withdraw to a private place

naukiuki v. to be vexed

náulu n. a sudden rain

naupaka n. a beach bush

nawai pron. whose? for whom? by whom?

nawaliwali adj. weak, feeble, sick

nee v. to move, to change place

nehe v. to make a rustling sound

nehinei adv. yesterday

nei adv. present time or place

nehoa adj. hard, strong, bold, able

neia pron. this (like keia)

nele v. to lack, to be without, to be destitute of

nema v. to reproach

nemo v. to be smooth, polished

nemonemo adj. smooth, full, large, well favored

nene n. the Hawaiian goose

neneleau n. the sumach tree

nenelu n. a miry place

neoneo adj. solitary, desolate

nepunepu adj. fat, plump, full

newa n. a staff, a cane or club

newa v. to reel, to stagger

niania adj. calm, smooth

ni'ani'a v. to accuse falsely

ni'ani'a adj. meddlesome, roguish

niau n. stem of the coconut leaf

niau v. to sail easily

niele v. to ask, inquire

niha adj. rude, rough, unsocial

nihi v. to walk carefully

nihinihi adj. narrow-edged, narrow-ridged

niho n. tooth

nihoka'i n. tooth ache

niki v. to tie a knot

ninaninau v. to question

ninini v. to pour

ninipo v. to be weak

niniu v. to turn, to whirl

nioi n. the pepper plant and its fruit

niolopua adj. handsome, beautiful

nipo adj. sleepy, fatigued

niu n. the coconut tree, the nut of the tree

niuhi n. a variety of the shark

no adv. an affirmative particle; truly, indeed, even so

no prep. of, for, instead of, in behalf of

noa adj. free from the tabu

noe n. mist, spray

noeau adj. wise, skillful, dexterous

nohea adj. fine appearing

nohea adv. whence, from what place?

noho v. to live, to sit, to dwell

noho n. a chair, a seat, a bench

nohoalii n. a throne

noholio n. a saddle

noi v. to beg, to ask

noiau same as noeau

noii v. to glean, to collect, to reflect

noio n. the tern bird

noke adj. energetic, searching

no ke aha inter. why?

nolaila adv. by reason of, consequently, therefore

nome v. to chew, to grind with teeth

nona pron. dative case, third person; for him, for her

nonanona n. the ant

none v. to snore

nono v. to snore

nonohe adj. beautiful

nonoi v. to beg, to ask

noonoo v. to think, to reflect, to consider

nou pron. yours, for you

nou v. to throw, to blow, to send forth

no'u pron. for me, mine

nowelo v. to scrape together, to search out

nu v. to groan, to sound, to be agitated

nuha v. to be silent, to be uncivil, to sulk

nuhou (mod.) n. news

nui adj. large, great, big

nui wale adj. abundant

nukoki adj. short, low, small

nuku n. mouth, bill, snout

nukunuku v. to find fault

nūnū n. a dove, a pigeon
nunulu v. to chirp, to sound, to warble
nunui adj. very large

O

o the o emphatic used before nouns and pronouns
o adv. yonder, there
o conj. lest
o n. a place, a fork, a sharp-pointed instrument
o prep. of, belonging to
o v. to pierce, to thrust
o'a n. rafter, the staff (music)
oaka v. to open
oala v. to toss, to rear, to pitch
oe pron. you, thou, second person, singular
oehaa adj. deformed, crooked
oeoe adj. long, high
oeoe n. a whistle
oeoe n. superiority, monument, sign
ohā n. a branch, a sucker
ohaha adj. plump, flourishing
ohai n. the monkey-pod tree
ohaka adj. void, not filled
ohana n. family, retainers
ohe n. bamboo, the flute
ohea inter. of where? Of what place?
ohee v. to spear the squid
ohelo n. a mountain berry
ohelohelo adj. pink
ohenana n. telescope
ohi v. to harvest, to gather
ohiki n. the sand-crab
ohinuhinu adj. shiny
oho n. the human hair, leaves
ohohia n. temporary favor
ohopelae adj. all right in the rear
ohu n. fog, mist, cloud
ohua n. retainers, passengers
ohuohu adj. attractive, pleasing
ohule adj. bald-headed
ohumu v. to complain, to murmur
oi adj. first, best, sharp
oi adv. while, while yet
oi v. to project out or over, to be more, to be better
oia personal pronoun, third person singular; he, she, it
oia adv. yes, it is so, a strong affirmative
oiai adv. while, as long as, during the time
oiaio adj. sincere, true
oihana n. a special work, a custom, business, observance, instruments, tools, profession
oilua adj. double-edged
oili n. the region of the heart, the seat of emotion

oio n. an imaginary company of ghosts
oioi adj. sharp
oioi v. to project upward, to appear
o'io'i v. to rest from labor and fatigue
oiwi n. the substantial part of a thing, character
oka n. dregs, crumbs, refuse or worthless parts
okaikai n. rough sea
okana n. a portion, a district
oki v. to cut off, to cut in two, to stop
okilo v. to look earnestly for something
oko'a adj. different, separate, another, distinct from
okoholá adj. whale piercing
okupe v. to trip in walking, to err
oku n. a giving secretly
okuu n. a great pestilence
ola n. health, life, salvation
ola'i n. earthquake
olaila adv. there, in that place
olala adj. lean, poor in flesh, small
olali adj. bright, shining
olapa v. to rumble, to flash, to move
olaolao v. to weed, to dig
ole adv. no, not (like aole)
ole n. a speaking trumpet
olelo v. to speak, to teach, to call, to give a name
oleloa'o n. counsel, advice
olelomaikai n. the Gospel
olelonane n. a proverb
olelopaa n. a precept, a command
olelopaipai n. exhortation
olepe n. a clam
oli v. to chant, to sing
oli n. joy, delight
oleole adj. indistinct
olino v. to shine brightly
olo v. to rub, to saw
olo n. a saw
olohaka adj. lanky
olohelohe adj. destitute, naked
oloka v. to shake, as a person in walking
olokaa v. to roll over and over
ololi adj. straight, narrow
oloná adj. flaxen, linen
olopu n. a mouthful
olu adj. cool, refreshing, pleasant
olua pron. dual form; you two
olulo adj. castaway, shipwrecked
oma n. an adz, the highest officer, oven
oma'ima'i adj. weak, sick
omali n. weakness of body
oma'o adj. green
oma'u n. the wood thrush
omilomilo v. to produce abortion
omo v. to suck

omole n. a bottle
omoki n. a stopper, a cork
ona adj. drunk, intoxicated
ona pron. third person, genitive; his, her, its
onaona adj. weary, fatigued, graceful, pleasant odor
onaha adj. bow-legged
one n. sand
onea adj. forsaken, desolate
oneki n. deck (ship)
oni v. to move, to stir
onipaa adj. firm, strong, fixed
oniu v. to whirl
ono adj. sweet, palatable, six
onohi n. the center of the eye
onou adj. seductive, alluring
o'o adj. ripe, mature
o-o n. a digging instrument
ooi adj. sharp
ookope n. a spade
onukunuku adj. dwarfish
oole'a adj. hard, tough, obstinate
ooluku adj. boisterous, stormy
ooma adj. open
ooo v. to crow, as a cock
oopa adj. lame
oopalau v. to plow
opae n. a shrimp
opakapaka n. red snapper
opala n. rubbish
ope n. a bundle
ope'a adj. perverse
ope'apea n. a bat
opelu n. the mackerel fish
opeope v. to tie tightly
opi v. to fold up
opihi n. a shell fish
opili adj. benumbed with cold
opilopilo adj. musty, dirty
opio adj. young
opu n. the stomach
opua n. a narrow-pointed cloud
opukopekope adj. malevolent
opulepule adj. spotted, abnormal
opuu n. a bud, a bunch
ou pron. second person, genitive form; yours, of you
o'u pron. first person, genitive form: mine, of me
oukou pron. second person plural; you all
ouli n. character, kind, sign, form
owai inter. pron. who? what person?
owala v. to throw a somersault
owau n. a cat
owau personal pronoun, first, nominative; I
owawa n. a ditch, furrow
owe n. an indistinct sound, sound of surf
owili v. to roll up, to twist

P

pa n. a material with flat surface, plate, wall, enclosure
pa v. to divide, inclose, to blow, to be hit
paa adj. tight, secure, immovable
paahana n. a workman, a tradesman
paa n. a pair, a suit, a solid
paa v. to be tight, to be completed, to hold, to keep
paahao n. one bound, a prisoner
paakai n. salt
paakiki adj. hard, perverse, disobedient
paani v. to play, to sport
paapú v. to be crowded, to be numerous
paaua n. a laborer, a hired man
pae n. a cluster, a group, margin, border
pae v. to go ashore
paehumu adj. confining, restraining
paele n. a negro, a black skin
paepae n. a stool, a threshold, supporter, a prop, platform
paepae v. to hold up, to support, to sustain
paewaewa adj. uneven, iniquitous
paha adv. perhaps, it may be
pahá adj. by fours, four times
pahale n. a court-yard, inclosure
paha'oha'o adj. changed in appearance, transfigured
pahee adj. smoothed, polished, slippery
pahele v. to ensnare
pahemahema adj. ignorant, ungrammatical
pahemo v. to be loosened, to slip
pahi n. a knife
pahi'a v. to jump into the water
pahiolo n. a saw
pahoa n. a wooden dagger
pahoehoe n. smooth lava
pahola v. to spread over, to cover
paholo v. to sink, to plunge
pahonuhonu v. to patch
pahu n. a barrel, a box, a drum
pahú v. to burst, to explode
pahu v. to pierce, to push, to hurl the spear
pahuhopu n. the goal, the end
pahuili n. a trunk
pahulu n. exhausted soil
pa'i v. to strike, to stamp, to print
paia n. the wall of a house
paikau v. to exercise with firearms
pa'imalau n. Portuguese man-of-war
paina v. to eat, to dine
paio n. a quarrel, strife, combat
paipai v. to encourage, to advise

pa'ipa'i v. to strike with the palm of the hand, to clap
pa'ipalapala n. printing-press, printer
paka (mod.) n. tobacco
páka adv. clearly, intelligibly
pakaawili v. to encircle, turn this way and that
pakaha v. to be greedy of property
pakahi dist. adv. one to each, one in a place, one by one
pakaua n. a fort, a stronghold
pakaukau n. a table
pake n. Chinese
pakeke (mod.) n. a bucket
pakela v. to exceed, to go beyond
pakele v. to escape, to be free from
pakika adj. slippery, smooth
pakiké v. to answer back saucily
pakiko v. to be temperate
pákólí (mod.) n. singing by notes
pakolu adj. three-ply
pákú n. a partition, a wall, a shield
pakuá adj. accustomed, common
paku'i v. to splice, to engraft, to unite
pala adj. ripe, mellow, soft
palaau n. a wooden fence
palahalaha adj. spread out, of flat surface
palahe'e adj. dead ripe, rotten
palaho adj. decayed, rotten
palai n. general name of ferns
palaimaka adj. averted, hostile, distrustful
palaka adj. inactive, stupid, inefficient, indifferent
palakiko v. to steal, to pilfer
palalauhala adj. very old
palaleha adj. slothful, idle
palamimo adj. quickly and easily done, moving easily without noise
palanehe adj. gentle, without noise
palaoa n. ornament of whale's tooth, a walrus
palaoa (mod.) n. flour
palapala n. a writing, a manuscript, a book
palapalai n. name for ferns in general
palapú v. to be bruised, to be soft to the touch
palau (mod.) n. plough
palaualelo adj. indolent, lazy, idle
palawaiki adj. nice, neatly done
pale v. to ward off, to make void, to refuse
palekai n. a breakwater, an embankment, bulwark
palekana adj. safe, escaped from danger
palekaua n. a shield for warfare
palelio n. a saddle cloth
palema'i n. an undershirt

palemo v. to sink down, to be lost
palena n. boundary, border
pali n. a cliff, a precipice
palo v. to live idly
palu v. to lick, to lap
palua adv. two by two
palule n. a shirt
palupalu adj. soft, weak, pliable
pana n. the shooting of an arrow, a celebrated spot
panai n. a substitute, a ransom, a surety for one
panalaau n. a possession of land, a province
panana n. a compass, a pilot
pane v. to answer, to reply
panee v. to move along
pani v. to close up, to shut
panina n. the youngest born in a family
paniolo n. a cowboy
pano adj. black, deep blue
panoa adj. dry, parched
paoa adj. destitute from not having obtained
paonioni v. to struggle
papa n. any flat surface, class, rank, order, board
papa v. to forbid, to prohibit
papaa adj. tight, secure, storing, securing, fenced
papaaina n. a table to eat on
papa'a v. to be burnt to a crisp
papa'ana adj. quick, spry, watchful
papaeleele n. blackboard
papaheenalu n. surfboard
papahele n. floor
papa'i n. crabs
papakole n. the hip bone
papakú n. bottom of the ocean
papalalé adj. awkward
papale n. a hat, cap or bonnet
papalina n. the cheek
papapa adj. low, broken, flat
papapa n. beans
papapau adj. all together, consumed
papa'u adj. shallow
papú n. a fort, a plain
papohaku n. a stone wall
pau v. to be ended, to be finished
pau adj. all, every one, everything, finished
pa-u n. a woman's garment, a long skirt
pa'u n. smut, soot
pauaho adj. breathless, faint-hearted
pauhia v. to be overtaken
pauku n. a fraction, a verse, a section
paulele v. to trust in, to believe
paumaele adj. dirty, defiled
paupauaho adj. breathless

pawa n. a garden, the sky, the breaking of dawn
pawaa adj. wild, rude, untamed
pawaina n. a vineyard
pawehe n. a Niihau mat
pawelu n. any worthless thing
paweo v. to turn askance, to be diffident
pe adv. thus, so, in this way
pe'a n. extremity of a village, a sail, a cross
pe'a adj. filthy, unclean
peahi n. the bones of the hand, a fan
pee v. to hide from one, to conceal one's self
peelua n. a caterpillar
pehea adv. in what manner? how? why?
pehi v. to pelt, to shoot at
pehu adj. swollen, enlarged
peia adv. thus, like it, after this manner
pekapeka adj. slanderous, reviling, calumnious
pekekeu n. wing of a fowl
peku v. to kick
pela adv. thus, in this manner
pelapela adj. filthy, dirty
pelehú n. a turkey
peleleu n. a fishing canoe, a large double canoe
pelu adj. doubled, folded over
penei adv. in this way, like this, thus
pepa (mod.) n. paper
pepe adj. contrite, bruised
pepehi v. to beat, to pound, to kill
pepeiao n. the ear
pewa n. the fin of a fish
pi adj. stingy, ungenerous
pi v. to sprinkle, to throw water with the hand
piele v. to trade, to indulge in traffic
piha adj. full
pihaá n. driftwood
pihe or pihi n. a button
pihoihoi v. to be surprised, to be astonished, to be troubled
piholo v. to be plunged into the water
pii v. to ascend, to climb up
pika wai n. water pitcher
pikai v. to sprinkle with salt water
piko n. end, extremity, top, navel
pilali n. the gum of a tree
pilau adj. dirty, bad-smelling
pili v. to coincide, to cleave to, to be related to
pili n. a variety of grass, good for animals
pilihua n. sadness, sorrow, dejection of heart
pilikai n. a plant creeper found on rocky shores

pilikana v. to be related to, to have an interest in
pilikia n. difficulty, trouble
pilikino adj. personal
pililaau n. a shingle
pilipaa v. to live together, to fit close
pilipu v. to unite, to come together
piliwaiwai n. gambling
piliwale n. thinness, poorness of flesh, scarcity of food, living on another
pilopilo adj. corrupt, impure
pinai v. to patch, to mend, to adhere to
pinana adj. mischievous, restless
pinao n. a dragon-fly
pinepine adv. frequently
pio v. to be put out, to be extinguished
pio n. a prisoner
pi'o v. to be curved, to be bent
pi'o n. an arc of a circle
pioloke n. confusion, a gabble, excitement
pi-o-o v. to be confused, to be "off," to be perplexed
pilipuka n. three a.m.
pipi v. to sprinkle, to purify
pipi (mod.) n. cattle
pipi kaula n. jerked beef
po n. night, darkness, chaos
po'a n. a eunuch
poaeae n. armpit
Poakahi Monday
Poalua Tuesday
Poakolu Wednesday
Poahá Thursday
Poalima Friday
Poaono Saturday
poai n. a circle
poai waena honua n. equator
po'e n. company, a number of persons
poeleele adj. black, ignorant
poepoe adj. round, circular
pohá v. to burst
poha n. theCape gooseberry
pohai v. to be gathered together
pohaku n. a stone, rock
pohala n. rest, ease, relief
pohihihi adj. obscure, entangled
Pohó v. to sink, to lose money, to be despondent
poho n. a slight hollow, chalk
poholima n. the palm of the hand
poholoholo v. to be loose, to be easily separated
pohu adj. calm, still, quiet
pohuehue n. a running plant like the "koali"
pohuli n. a sucker, sprout, a branch
po'i v. to cover, to curve and break as surf

[113]

poi n. the food made from the taro plant
poina v. to forget
poino adj. unfortunate, ill-fated
poká n. a bullet
pokaa n. a coil, a ball of rope or twine
poke n. a piece, a portion
pokii n. the youngest member of a family
poko adj. short
pokole adj. short
pola n. the edge of a tapa, a canoe seat
poli n. the lap, bosom
polehuiehu n. dusk, twilight
polinahe adj. soft, gentle
polohiwa adj. dark, black
pololei adj. straight, correct, accurate, right
pololi adj. hungry
pololú n. a long spear
poluea n. nausea, sickness
poluluhi adj. thick, heavy, foggy, dark, misty
pomaikai adj. fortunate, blessed
pona n. the joints
ponalo n. the drying up of tops, blight
poni adj. colored, purple
poni v. to daub over, to anoint, to be purple
poni mo-i n. carnation flower
poniuniu n. vertigo, dizziness, confusion
pono adj. good, right, proper
pono v. to be good, to be blessed, to right
pono-i adj. own, self, only
po'o n. head, summit
poohina adj. gray-haired
poohiwi n. shoulders
pookela adj. exceeding, better
poolá n. a stevedore
pooleka n. a postage stamp
pooolelo n. a text, title
poopoo adj. deep
popilikia n. difficulty, tribulation
popo adj. rotten, decayed
popo n. a ball (oval shape)
popoki n. a cat
pou n. a post, column, mast
pouli adj. dark, obscure
poupou adj. short, low
powá n. a robber, highwayman
powehiwehi adj. dark, obscure
pu adv. together with, in company with
pu n. a conch, a shell, a gun, pumpkin, squash
pua n. flower, blossom
pua n. a collection of things bound together

pua v. to blossom
puá v. to tie in bundles, to bind in sheaves, to reef (sail)
pua'a n. a hog, swine, pig
puaia v. to blow gently
puakala n. the thistle plant
pualele n. the dandelion
puali n. a company, a great number, a host, an isthmus
pualoalo n. a hibiscus
pualu adv. unitedly in action, unanimously
puana n. first words in a chant or song
puaneane v. to live to eternity
puanuanu adj. chilly, cold
pu'e n. a potato hill
pu'e v. to thrust, to crowd on, to force, solicit
puehu v. to blow away, to scatter
pueo n. an owl
puhaka n. the loins, reins
puhala n. the pandanus tree
puhenehene n. a guessing game
puhi n. to blow, to puff
puhi n.a blowing, an eel
puia adj. beautiful, grand, sweet-smelling
pu'ipu'i adj. fat, plump
puiwa n. amazement, surprise
puka n. a hole, an entrance
puka v. to pass through, to issue, to appear, to gain, to win, to arrive at
puka aniani n. a window
pukapa n. a gate, a door
pukaihu n. the nostril
pukapuka adj. full of holes, net-work
puke (mod.) n. a book
puko'a n. hidden rocks, coral rocks of the sea
pula n. a particle, a moat
pulapula n. offspring, seedlings
pule v. to pray, to worship
puleho n. a cowrie shell
pulehu v. to roast on the coals
pulelehua n. a butterfly
pulepule adj. spotted
puliki n. a vest
pulikiliki adj. tight
pulima n. the wrist
pulo'u v. to cover, to veil, to hide
pulu adj. wet, softened
pulu n. fern mulch
pulupulu n. cotton
pulumi (mod.) n. a broom
puluna n. relation of parents of married persons to each other
pulupé v. to be very wet, to be soaked
pumaia n. the trunk of the banana tree

pumehana adj. warm, used of affections

puna n. coral, mortar, a spring, a spoon (mod.)

punahele n. a friend, a favorite

punahelu adj. mouldy

punalua n. two husbands of one wife, two wives of one man

punana n. a nest

punanana n. a spider's web, a spider

punawai n. a spring, a fountain

punawelewele n. a spider's web

punee n. a couch

punee v. to come to one, to approach

puni v. to be surrounded, to deceive

puni n. the end of a period, a desire

punihei v. to be ensnared

puniu n. coconut shell, a skull

puniu v. to spin around, to be dizzy

puniwaiwai v. to be covetous, to be greedy

punohu n. ascending smoke

puo'a n. a pyramid, a tent

puoho v. to start in fright

puolo n. a bundle, a bag, scrip

pupanapana n. a pistol

pupu n. a shell, a bunch, a bundle.

pupu v. to be rough, to be uneven

pupuahulu v. to be in a fluster

pupuka adj. full of holes, unsightly, worthless

pupukanioe n. a land shell

pupule adj. insane, crazy

pupupu adj. frail, temporary

pupuu v. to be doubled up

puu n. any protuberance, the throat, a hill

puuhonua n. a temple of refuge

puukani adj. sweet-voiced

puukaua n. a fortification

puukú n. a steward, a treasurer

puulu n. a multitude

puunaue v. to divide

puuoioina n. a resting-place

puupuu adj. rough, lumpy

puupuu lima n. the fist

puupuu wawae n. the ankle

puuwai n. the heart

U

u n. grief, sorrow, the breast

u affirm. yes

u v. to meditate, to weep, to drip, to intend

ua n. rain

ua adj. pron. aforesaid, previously mentioned

ua prefix, sign of the past tense

uahi n. smoke

uahoa adj. hard-hearted, selfish

uakea adj. light yellow

uala maoli n. the sweet potato

uala kahiki n. the Irish potato

ualo v. to cry, to complain

uanei adv. soon, by and by

uha v. to waste, to be wasteful

uhá n. the thigh

uhae v. to rend, to tear

uhai v. to chase, to follow

uhaiaholo v. to follow, to pursue

uhane n. the soul, spirit

uhao v. to put into, to fill

uhapuaa n. the ham, part of the pig

uhaele v. to go

uhauha v. to live wastefully

uhi v. to cover, to spread over

uhini n. the grasshopper

uhipaa v. to cover up entirely

uhuki v. to pull up

uhiuhi v. to thatch

u'i adj. young, good-looking

ui v. to question

uila n. lightning, electricity

uilani v. to struggle ineffectively

uka n. the shore, the country inland

ukali v. to follow

ukana n. baggage, cargo

ukéké n. the Jew's harp

ukelekele adj. muddy, miry

ukiuki n. contempt, anger, envy

uku v. to pay, to compensate

uku n. reward, pay, wages, flea

ukuhi v. to pour, to fill a vessel with fluid

ukupana'i n. a pledge, security

ukupau n. a contract

ula n. a lobster

ula adj. red

ulana v. to weave, to braid

uli adj. green, blue

ulia n. an accident

ulili n. a snipe, a sandpiper, a ladder

ulolohi adj. tardy, slow

ulono n. a cry of distress

ulu v. to grow

ulu n. the breadfruit tree

uiua n. the cavalla fish

uluao'a adj. boisterous, excited

uluhi n. stag-horn fern

uluhia v. to be possessed by a spirit

ulukú adj. agitated

ululaau n. a thicket, a wood

ulumahiehie n. fine appearance

uluna n. a pillow

uluwehiwehi n. overgrowth, thicket

umauma n. the breast, the chest

ume v. to pull, to draw

umeke n. a poi calabash

umi adj. ten

umiumi n. a beard

umu n. an oven

unahi n. fish scales

unaoa n. barnacles

une v. to pry with a lever

unihi n. grasshopper
unihipili n. a departed spirit
unuhi v. to draw out, to translate
uoki v. stop! cease! quit!
uouo adj. clear, fine, without lumps
upá n. scissors
upena n. a net for taking fish
upu v. to desire strongly
uú adj. stammering, indistinct
uuku adj. small, little
uuku iho adj. less
uuku loa adj. least
uumi v. to choke, to restrain
uwá v. to cry out
uwao v. to intercede, to make peace
uwaʻu v. to scratch
uwapo n. a bridge, a pier, a wharf
uwáuwá v. to cry out
uwé v. to weep, to mourn, to cry
uwi v. to twist, to wring, to squeeze
uwó adj. roaring

W

wa n. space, time, period
waa n. a canoe
waapá n. a boat
wae v. to select, to choose
waele v. to clear away the weeds
waena prep. between, in the middle, in the midst
waenakonu n. the central point, the center of a circle
waha n. the mouth
wahahee adj. lying, deceitful
wahapaa adj. noisy
wahi n. a place, a space
wahi v. to break by casting out of one's hand
wahi adj. some, little, few
wahi n. a word citing another's saying
wahí v. to cover over, to bind up, to wrap up
wahi moe n. a bed
wahi leka n. an envelope
wahie n. firewood, fuel
wahine n. a female, a woman
wahinekanemake n. a widow
waho adj. outside, out, out of
wai n. water, liquid
waiho v. to set down, to place, to set aside, to leave
waihona n. a place for safe keeping
waikahe n. a flood
wailele n. a waterfall
wailiʻula n. a mirage

waimaka n. tears
waipehé adj. congenial, friendly
waipuilani n. waterspout
waipuna n. a spring
waiu n. milk
waiupaka n. butter
waiwai n. goods, property
waiwai paa n. real estate
waiwai lewa n. personal property
walaau n. noise
walania n. pain, anguish
walawala v. to turn over and over
wale adv. only, alone, the state of a thing as it is
walewale n. allurement, decoy
wali v. to pulverize
wali adj. fine, minced finely, soft
walohia n. grief
walu adj. eight
wana n. the sea-urchin
wanaao n. dawn
wanana v. to prophesy
wao n. a place on the mountain
waoakua n. a desert
waonahele n. a wilderness
wau pron. first person singular; I
wauke n. the tapa shrub
wawa n. tumult, noise
wawae n. leg, foot
wawahi v. to break into pieces
wawe adv. quickly suddenly
wehe v. to open
wehewehe v. to explain
wekiu n. top of a tree, house, mountain, etc.
wela adj. warm, hot
welau n. end, tip, top, ridge
welau akau n. North Pole
welau hema n. South Pole
welina n. a reply to a salutation
weliweli n. fear, dread
welo v. to float in the wind
welu n. a rag
weluwelu adj. torn
weuweu n. herbage, grass
wi n. famine
wihi v. to wink
wiki adj. quick
wili v. to twist, to turn
wini n. a sharp point
wiwi adj. emaciated
wiwo n. fear, dread, terror
wiwoole adj. unafraid, bold, brave
wohi n. one who accompanied the king, a favorite

INDEX